DESCRIPTIONS

DES ARTS

ET MÉTIERS.

DESCRIPTIONS
DES ARTS
ET MÉTIERS,
FAITES OU APPROUVÉES

PAR MESSIEURS

DE L'ACADÉMIE ROYALE
DES SCIENCES.

AVEC FIGURES EN TAILLE-DOUCE.

A PARIS,

Chez ⎰ SAILLANT & NYON, rue S. Jean de Beauvais;
⎱ DESAINT, rue du Foin Saint Jacques.

M. DCC. LXI.
Avec Approbation & Privilége du Roi.

ART
DU TAILLEUR,

CONTENANT

LE TAILLEUR D'HABITS D'HOMMES;
les Culottes de Peau ; le Tailleur de Corps de Femmes &
Enfants : la Couturiere ; & la Marchande de Modes.

Par M. DE GARSAULT.

M. DCC. LXIX.

L'ART
DU TAILLEUR,

CONTENANT

LE TAILLEUR D'HABITS D'HOMMES ;
les Culottes de Peau ; le Tailleur de Corps de Femmes &
Enfants : la Couturiere ; & la Marchande de Modes.

AVANT-PROPOS.

L'ART de se vêtir , dont l'origine est de toute antiquité , est certainement un des plus essentiels au genre humain ; aussi en est-on pleinement convaincu : c'est pourquoi en essayant de le décrire ici, il seroit superflu de commencer par s'étendre sur son utilité & ses avantages ; on dira seulement que le but des Nations a d'abord été de dérober à la vue l'entiere nudité , & en même temps de garantir le corps des attaques de l'air ; & que de la nécessité de se couvrir , on est parvenu à la grace des vêtements sous des formes différentes , à la distinction des Peuples , & parmi chacun , à celle des différents états & conditions , ce qui a donné lieu à la parure & à la magnificence , principalement chez les Nations policées.

Comme ce Traité est entrepris par un François , sous les auspices de l'Académie des Sciences de Paris , il croit devoir donner ici par préférence l'idée des habillements de sa Nation , tant anciens que modernes : notre goût naturel sur cet article est reconnu dans tout le continent ; & si l'Art du Tailleur François , ainsi que ceux qu'on y a joints , sont bien conduits , on ose se flatter que leur description acquerra le mérite que lui aura donné la Nation même.

Dans les commencements de la Monarchie, les Ouvriers qui faisoient l'habillement se nommoient *Tailleurs de Robes* , attendu qu'à l'exemple des Romains , nos vêtemens étoient des robes plus ou moins longues. Ces Ouvriers furent érigés en corps de Communauté sous ce titre par Philippe IV. dit le Bel , qui leur donna des Statuts en 1293. Dans l'intervalle de ce temps , jusqu'au regne de Charles IV , succéderent insensiblement aux robes plusieurs especes de

TAILLEUR.   A

Veftes, par-deffus lefquelles on mettoit des manteaux plus ou moins longs : ces veftes fe font appellées des *Pourpoints*. En conféquence, fous ce dernier Roi, les ci-devant Tailleurs de Robes reçurent des Lettres Patentes & de nouveaux Statuts en 1323. fous le titre de *Maîtres Tailleurs Pourpointiers*.

On voit dans les Statuts des Cordonniers, la permiffion à eux accordée de faire les collets des Pourpoints : apparemment qu'au tems de cette permiffion, ces collets étoient de cuir.

Les Maîtres Pourpointiers ne vêtiffoient que le corps proprement dit ; il y avoit d'autres Ouvriers qui conftruifoient l'habillement de la ceinture en bas, comme haut & bas de chauffes, caleçons, &c. Ces derniers furent érigés en corps de Maîtrife en 1346 par Philippe VI, dit de Valois, fous le titre de *Maîtres Chauffetiers* : ils fubfiftent encore en partie fous celui de *Bourfiers Culottiers* ; mais ceux-ci ne travaillent qu'en peaux chamoifées.

Enfin ces différents Métiers furent heureufement réunis en un feul corps par Henri III en 1588, fous la dénomination de *Maîtres Tailleurs d'Habits*, avec pouvoir de faire tous vêtemens d'homme & de femme, fans aucune exception. Ceux-ci fe font volontairement partagés en deux branches, dont l'une s'adonnoit entièrement aux habits d'homme & de femme, l'autre à ne faire que les corps & corfets des femmes & enfans, avec quelques vêtemens qui s'y joignent. Cette feconde branche n'a fubi aucun changement ; mais Louis XIV. dit le Grand, ayant jugé à propos d'ôter à la premiere la faculté de faire les habits de femmes, créa en 1675 un corps de Maîtrife féminin fous le titre de *Maîtreffes Couturieres*, auxquelles il donna pouvoir de conftruire tous les vêtements de leur fexe.

L'ouvrier qui dans l'Art du Bourfier s'eft reftraint à conftruire des culottes de peau, bas & gants, a tant d'affinité avec celui qui les fait de toutes autres efpeces d'étoffes, qu'il ne doit pas paroître déplacé d'en expliquer la manufacture à la fuite de celle du Tailleur d'habits pour homme ; d'autant plus encore, que celui-ci concourt avec le premier, étant permis à tous les deux de faire bourfes à cheveux & calottes.

Depuis plufieurs années quelques femmes de Marchands Merciers fe font donné le titre de *Marchandes de Modes* ; non feulement comme Mercieres elles vendent les rubans, gazes, rezeaux, & autres enjolivemens qui fervent à décorer les habits de femmes, mais elles deviennent les Ouvrieres de leurs marchandifes, les attachent & ajuftent ; de plus elles font certains vêtemens que les femmes mettent par-deffus l'habit ordinaire, raifon de les citer à la fuite de l'Art de la Couturiere, pour expliquer la façon dont elles conftruifent ces derniers vêtemens.

En conféquence de tout ce qui vient d'être dit, on commencera par une explication fuccinte, mais fuffifante, des habillemens François depuis Clovis jufqu'à notre tems : cette explication fera éclairée par plufieurs. Figures. Enfuite viendra l'Art du Tailleur d'habits d'homme, terminé par la façon de la Culotte de peau ; puis le Tailleur de Corps de femme & enfants ; enfuite l'Art de la Couturiere, & la Marchande de Modes pour la partie des vêtements qu'elle conftruit.

On verra que non-feulement à caufe de l'intime liaifon que ces Arts ont natu-rellement enfemble en qualité de vêtemens, mais encore par le peu d'étendue de la plûpart, dont la partie plus confidérable eft celle du Tailleur, il convenoit mieux de les raffembler en un feul ouvrage, que d'en faire autant de petits Traités féparés.

Pour parvenir à connoître mieux ce qui concerne les anciens habillements François, on a eu recours à M. Jolly, Bibliothécaire du Roi, Garde des Deffeins de fa Bibliotheque de Paris, qui a eu la bonté d'en communiquer nombre de très-précieux fur cette matiere. Pour tout le refte on a confulté des Artiftes verfés & confommés dans leurs Arts. Le fieur Bertrand, Tailleur pour homme, rue Comteffe d'Artois ; le fieur Carlier, Bourfier-Culottier, rue des Cordeliers, près la Fontaine ; le fieur Vacquert, Tailleur de Corps pour femmes & enfans, rue S. Honoré, vis-à-vis l'Opéra, chez un Chandelier, à côté de la tête noire ; Madame Luc, ci-devant Couturiere de Madame la Princeffe de Ca-rignan, rue Caffette, vis-à-vis la rue Carpentier ; Mademoifelle du Buquoy Marchande de Modes dans l'Abbaye S. Germain-des-Prés.

On a peu profité d'ailleurs de quelques ouvrages qu'on a découverts, dont un imprimé en 1671 qui a pour titre : *le Tailleur fincere*, par Benoît Boulay, Maî-tre Tailleur, au fauxbourg S. Germain, dédié à fa Communauté. Ce livre eft compofé d'un avis très-court qui renvoye le Lecteur à 50 planches en taille-dou-ce qui contiennent 108 coupes d'habits pour tous états & conditions, jufqu'à un habit de pauvre, celui du Pape, du grand Turc, &c. le tout fans aucune ex-plication. Les habits de fon tems ne reffembloient pas à ceux du nôtre ; ainfi on ne peut tirer grand profit de ce livre ; on citera feulement dans l'article de la Cou-pe une remarque extraite de fon avis qu'on a cru mériter quelque confidération.

En 1720 un particulier nommé *de Cay*, préfenta à l'Académie des Sciences de Paris, une nouvelle maniere de tailler un juftaucorps qu'il avoit imaginé : fon juftaucorps n'étoit compofé que de 6 piéces, au lieu de 22 dont il dit que les habits étoient compofés de fon tems. Cette invention a des inconvéniens qui font caufe qu'elle n'a eu aucune fuite : elle eft inférée avec eftampe dans le quatrieme tome des Machines de l'Académie.

En 1734 parut un petit Livre fous le titre de *Tarif des Marchands Frippiers-Tailleurs-Tapiffiers*, &c. propre à déterminer la quantité d'étoffe néceffaire pour en doubler ou en couvrir d'autres, par M. Rollin, Expert-Ecrivain-Juré. C'eft une lifte difpofée en colonnes comme le Livre des Comptes faits de Barrême, avant laquelle on voit une Table qui peut fervir à mefurer la largeur des étof-fes avec le pied de Roi, dans le cas où on n'auroit point d'aune ; comme cette Table eft courte, on la trouvera tranfcrite à l'article des Etoffes.

CHAPITRE PREMIER.

De l'Habit François.

CE Chapitre eſt deſtiné à donner une explication abrégée des habits tant d'hommes que de femmes depuis Clovis juſqu'à préſent, relative à 3. Planches qui repréſentent leurs variétés ſucceſſives en 39 Figures; mais il eſt bon d'avertir que les 4 premieres Figures de la premiere Planche ſont tout ce qu'on a pu trouver à cet égard pendant les 9 premiers ſiecles de la Monarchie, c'eſt-à-dire, depuis l'année 480, tems où Clovis commença de régner, juſqu'à 1200 ſous Philippe-Auguſte. Peut-être n'y a-t-il point eu de variétés de mode dans ces tems éloignés parmi un peuple ſauvage qui ne ſongeoit qu'à étendre ou à maintenir ſes conquêtes, ſans ſe piquer de tranſmettre à la poſtérité les effigies des hommes remarquables parmi eux, & conſéquemment leurs vêtements. Il n'eſt pas même ſûr que la Figure *A* de la premiere Planche, priſe ſur le tombeau de Clovis, n'ait pas été faite après coup.

La Figure *B* paroît moins équivoque, parce que ſon habillement approche beaucoup de celui du peuple Romain. La Figure *C* qui eſt celle d'un ſoldat, paroît encore hazardée; il eſt à préſumer que l'habit des ſoldats Francs tenoit beaucoup de celui des troupes Romaines. La Figure *D* eſt de 1204: ſon vêtement, quoique ce ſoit celui d'une femme, approche ſi fort de celui de Clovis, que l'on ſeroit tenté de croire que les femmes n'avoient pas changé de mode depuis ſon regne juſqu'à celui de Philippe-Auguſte.

Quoi qu'il en ſoit, on va procéder à l'explication de toutes les Figures des trois premieres planches.

Parmi les nombreux Recueils qu'on a parcourus, on n'a exprimé que les variétés qui s'éloignent aſſez l'une de l'autre pour faire appercevoir des différences dignes d'être remarquées.

PLANCHE PREMIERE.

Fig. A, Clovis vêtu d'une longue Robe *a, Toga,* ſerrée par une ceinture *b, Zona,* de laquelle pend une bourſe ou eſcarcelle *c, Crumena ſcortea;* par-deſſus la robe un manteau *d, Lucerna,* ouvert & attaché à chaque épaule avec un bouton ou une roſette. Les ſouliers ouverts ſur le coudepied.

Fig. B, Habillement de la Nation imitant ceux des Romains. On apperçoit la tunique *a, Tunica,* par-deſſus laquelle on voit le manteau à la Romaine appellé *Chlamydes b b,* dont le derriere & le devant ſe joignent ſur l'épaule droite *c,* & laiſſent le bras droit libre; *d* eſpece de brodequins.

Fig. C, un Soldat: cette figure eſt tirée de la Milice Françoiſe du Pere Daniel,

Auteur

Auteur de l'Hiftoire de France ; elle eft factice étant compofée parties par parties de plufieurs Auteurs anciens qu'il cite.

Fig. D, une femme en 1204 ; *a* Tunique ; *b* Robe ; *c* Manteau imitant celui de Clovis ; *d* efpece de Coëffe ou Voile.

Fig. E, un homme en 1285 ; *a a* Robe à manches pleines ; *b* Efcarcelle ; *c c* Chaperon ou Cappe ; *d* Bonnet. SECOND RANG.

Fig. F, Soldat en 1346, vers le tems de la derniere Croifade ; *a* Cafque ; *bb* Cotte de mailles ; *c* la Croix fur la poitrine ; *d* Arme finguliere : elle a échappé aux recherches du Pere Daniel.

Nota. Que pour tout le refte des Figures, on n'indiquera plus que les fiecles dans lefquels les changemens font arrivés.

Fig. G, une femme ; *a* Tunique ; *bb* Robe ; *c* Bonnet haut & pointu ; *d* Voile de gaze prenant de la pointe du bonnet & tombant jufqu'aux talons ; *e* Gaze accompagnant les côtés du vifage ; *ff* Mitaines. Cet habillement pris à la fuite des Croifades paroît avoir été fait à l'imitation de celui des femmes Turques. SIECLE 1300.

Fig. H, un homme ; *aa* Tunique à larges manches ; *b* Efcarcelle ; *c c* Manipules doubles ; *dd* Chaperon à longue queue.

Fig. I, une femme ; *a* Robe ; *bb* Surcotte ; *c c* Manipules fimples en dehors.

Fig. K, un homme ; *aa* Pourpoint pliffé ; *b* Fichu ; *c* Toque ; *dd* Pantalon ; *e* petits Brodequins terminés par des Souliers pointus qu'on nommoit *Souliers à la poulaine.* SIECLE 1400.

Fig. L, un homme ; *aa* Pourpoint avec un collet & pliffé ; *bb* Manches pendantes du Pourpoint ouvertes au milieu pour paffer les bras ; *c* le Poignard pendant à la ceinture par-devant ; *d* Bonnet plat ; *e e* Sabots pointus à la poulaine.

Fig. M, un homme ; *aa* Pourpoint long non pliffé ayant un collet & à manches ordinaires ; *b* Efcarcelle pliffée ; *c* Toque ; *d* Bande venant de la Toque relevée fur l'épaule ; *e* Brodequins.

Fig. N, un homme ; *a* Bonnet orné d'une plume par devant ; *b* Pourpoint par-deffus une Vefte lacée ; *c* un Manteau long & traînant, à manches pendantes & ouvertes par-devant pour y paffer les bras ; *d* un Pantalon ou chauffes ; *e* des Bottes molles ou brodequins. SIECLE 1500.

Fig. O, un homme ; *aa* Pourpoint à courtes bafques ; *bb* petit Manteau ; *c c* Manches tailladées ; *dd* haut-de-Chauffes ; *e e* Souliers tailladés ; *f* Toque avec une plume ; *g* petite Fraife.

PLANCHE II.

Fig. P, François I. Roi de France ; *aa* Pourpoint ; *bb* Manteau ; *c c* Manches tailladées ; *dd* Chauffes ; *e e* Jarretieres ; *ff* Souliers de chambre tailladés ; *g* Toque avec plumet.

Fig. Q, un homme; *a* Pourpoint boutonné; *bb* petites Basques; *c* Collet fraisé; *dd* petit Manteau; *ee* Gregues; *ff* Bas-de-chausses; *g* Toque à plumet; *hh* Souliers découpés.

Fig. R, un homme; *aa* Pourpoint à petites basques; *bb* Manteau; *cc* Manches tailladées; *dd* Chausses; *e* Fraise; *f* Toque à forme élevée ornée de plumes.

Fig. S, une femme en corps de Robe; *a* Fraise; *bb* Panier; *cc* Jupe; *dd* Parements; *ee* Manchettes; *f* Toque.

SIECLE 1600

Fig. T, Henri IV, Roi de France; *aa* Pourpoint à petites basques, *bb* Trousses; *cc* Fraise; *dd* Souliers à grandes pieces; *e* Toque.

Fig. V, un homme; *aa* Pourpoint à grandes basques & à manches ouvertes; *bb* Culotte; *cc* grand Rabat qui couvre les épaules; *d* Bonnet à forme élevée; *ee* Rosettes aux souliers.

Fig. X, une femme; *aa* Corps de robe; *bb* Manches ouvertes; *cc* Vertugadin; *dd* Collet monté; *e* Bonnet ou Cornette à pointe rabattue; *ff* Manchettes trouslées.

Fig. Y, Louis XIV, Roi de France; *aa* Pourpoint; *bb* Rabat de dentelle à glands; *cc* Chemise; *d* Baudrier; *ee* Gregues; *ff* Perruque; *g* Chapeau orné de plumes; *hh* Souliers quarrés à talons hauts & à grandes rosettes.

Fig. Z. une femme; *a* Corps de robe; *bb* Bas de robbe; *c* Jupe; *d* Coëffure en cheveux terminée par des rangs de Rubans; *ee* Collerette de dentelle. Cette mode excepté la coëffure, subsiste encore chez le Roi comme habit de cérémonie, sous le nom de *Robe de Cour* ou *grand Habit*: il est détaillé ci-après dans l'article du Tailleur de Corps.

SIECLE 1700.

Fig. AA, une femme; *a* Manteau trousté; *b* Jupon; *c* Coëffure haute à barbes; *dd* Falbala.

Fig. BB, une femme; *a* Coëffure haute à trois rangs; *bb* Parements de la robe; *cc* robe traînante; *d* Jupon; *e* Falbala.

PLANCHE III.

Outre les Figures entieres de femmes répandues dans ces trois Planches, on en a trouvé, en parcourant les Siecles, plusieurs autres qui méritent d'être remarquées, & pour ne pas multiplier les Figures entieres, on en a formé un rang de Bustes dont le haut de cette planche est décoré: celui qui est marqué d'une croix est d'une femme du siecle 1300; toutes celles marquées d'un gros point sont de 1400; & les deux étoilées de 1500.

Nota. On verra la Coëffure actuelle des femmes dans l'Art du Perruquier, dont l'impression est précédente à celui-ci.

Fig. CC, un homme en Justaucorps, veste & culotte; *a* Echarpe; *b* Cravatte passée dans la boutonniere; *cc* Perruque; *dd* Chapeau orné d'un plumet;

e e Bas roulés avec la culotte ; *f f* Souliers quarrés par le bout & à talons hauts.

Fig. D D, une femme en Manteau trouffé & avec une coëffe & une écharpe; *a* Coëffe ; *b b b* Echarpe ; *c c* Jupe garnie de falbalas ; *d* Éventail.

Fig. E E, une femme; *a a* Coëffure en papillon ; *b b* Panier.

Fig. F F, un homme enveloppé dans un Manteau.

Nota. Que le dernier rang de cette Planche eft relatif au Tailleur de Corps, & à la Couturiere ci-après.

CHAPITRE II.

L'ART DU TAILLEUR D'HABITS D'HOMME.

Idée générale de cet Art.

L'Ouvrier qui exerce cet Art, lequel confifte particuliérement à préferver le corps des injures de l'air, & par acceffoire à le décorer fuivant fes dégrés d'aifance, de dignité ou d'opulence : cet Ouvrier, dis-je, ne doit s'appliquer qu'à envelopper fon modele animé, de façon qu'il puiffe fe mouvoir dans fon enveloppe fans gêne & fans contrainte ; & de plus que fon ouvrage foit accompagné de toute la grace dont il eft fufceptible, enfin qu'il en réfulte un tout enfemble agréable aux yeux, & le plus avantageux qu'il eft poffible à celui pour lequel il eft fait.

Ce n'eft nullement les vêtements que cet Art a exécutés, & peut conftruire par la fuite dans le monde habillé, qui font la fcience du Tailleur ; mais on doit être affuré que celui à qui les principes fondamentaux font familiers, & qui de plus a le coup d'œil jufte & gracieux, poffede fans difficulté le moyen fûr de réuffir ; il devient même un homme rare, fi on y ajoute la probité. Ainfi que le vêtement foit plus ou moins ferré, ample, pliffé, &c. s'il connoît la bonne & vraie maniere de tailler, affembler, coudre & monter toutes les pieces d'un vêtement quelconque, il ne s'agit plus pour lui que de lui donner toute l'élégance dont il eft fufceptible en perdant préalablement le moins d'étoffe qu'il fera poffible ; c'eft dans cette derniere circonftance que gît le talent fupérieur. Le Tailleur donc qui fçait exécuter avec précifion, grace & épargne l'habit complet François, & on peut dire Européen, qui eft le Juftaucorps, la vefte & la culotte, comme étant le vêtement le plus compliqué, parviendra fans peine à conftruire toutes autres efpeces d'habillements.

CHAPITRE III.

Des Etoffes.

IL fe trouve tant d'étoffes de largeurs différentes dont on peut faire des habits, que ce feroit perdre l'objet de vue fi on entreprenoit d'en faire ici la recherche & le détail ; il faut fe reftraindre à défigner les plus ufitées & leurs différents aunages.

POUR LES DESSUS.

Etoffes de Laine.

Les Draps font $\begin{cases} \text{d'une aune} \\ \text{de 5 quarts} \\ \text{de 4 tiers} \end{cases}$ de large.

Les Draps de Siléfie, la Calmande, le Camelot, le Baracan, font de deux tiers de large.

Etoffes de Soie, or & argent.

Les Velours, les Moires, plufieurs Taffetas & autres étoffes de Soie, d'or & d'argent, ont près de demi-aune de large.

POUR LES DOUBLURES.

Etoffes de Laine.

Les Toiles de Coton ont une demi-aune ou environ de large.
Le Raz-de-Caftor, le Voile, la Serge ont une demi-aune de large.

Etoffes de Soie.

Les Taffetas pour doublure, ont deux tiers de large.
Les Serges de foie, le Raz-de-Saint-Cir, ont une demi-aune de large.

TABLE DES AUNAGES

Réduits en pieds & en parties de pieds & pouces, tirés du tarif du Tailleur, Par M. Rollin.

Une Etoffe $\begin{cases} \text{de 4 tiers} \\ \text{de 5 quarts} \\ \text{de 4 quarts} \\ \text{de 3 quarts} \\ \text{de 5 huitiemes} \\ \text{de demi-aune} \\ \text{de 5 douziemes} \\ \text{de 7 feiziemes} \end{cases}$

de 4 tiers	fait 58 pouces ou	4 pieds	10 pouces	$\frac{2}{3}$.
de 5 quarts	fait 54 pouces ou	4 pieds	6 pouces	$\frac{7}{11}$.
de 4 quarts	fait 43 pouces ou	3 pieds	7 pouces	$\frac{1}{3}$.
de 3 quarts	fait 32 pouces ou	2 pieds	8 pouces	$\frac{1}{4}$.
de 5 huitiemes	fait 27 pouces ou	2 pieds	3 pouces	$\frac{7}{14}$.
de demi-aune	fait 21 pouces on	1 pied	9 pouces	$\frac{1}{6}$.
de 5 douziemes	fait 18 pouces ou	1 pied	6 pouces	$\frac{7}{16}$.
de 7 feiziemes	fait 19 pouces ou	1 pied	7 pouces	$\frac{1}{48}$.

CHAPITRE

CHAPITRE IV.

Les Vêtements François compris dans ce Traité.

L E Juftaucorps, la Vefte & la Culotte compofent ce qu'on nomme *l'habit complet* : on les voit détaillés *Planche* 5 *&* 7 , & en place , *Planche* 4 , *Fig.* E.

Le Surtout qui eft une efpece de Juftaucorps.

Le Volant , autre efpece deftiné à mettre par-deffus le Juftaucorps ordinaire ou par-deffus le Surtout.

La Fraque , efpece de Juftaucorps leger , nouvellement en ufage.

Le Vefton , efpece de Vefte moderne à bafques courtes.

La Redingotte , efpece de manteau pris des Anglois , qui le nomment *Ridinchood* , qui fignifie habit pour monter à cheval, dont nous avons fait le mot Redingotte : on le voit détaillé *Pl.* 8 , *fig.* FF ; & en place *Pl.* 4, *fig.* D.

Le Manteau : il fe met par-deffus l'habit; on le voit détaillé *Pl.* 10 , *fig.* I ; & en place *Pl.* 3. *fig.* FF.

La Roquelaure , efpece de Manteau , *Pl.* 8 , *fig.* I.

La Soutanelle , qui eft le Juftaucorps des Eccléfiaftiques.

Le Manteau court, efpece de petit Manteau Eccléfiaftique que les Abbés mettent par-deffus la Soutanelle ; on le voit détaillé *Pl.* 10, *fig.* II ; & en place *Pl.* 4 , *fig.* H.

La Soutanne , efpece de robe longue & traînante des Eccléfiaftiques ; on la voit détaillée *Pl.* 8 , *fig.* III ; & en place *Pl.* 4 , *fig.* I.

Le Manteau long , efpece de manteau Eccléfiaftique à queue traînante ; on le voit détaillé *Pl.* 11.

La Robe de Palais , robe longue & traînante qui fe met par-deffus le Juftaucorps de tous les gens de Juftice lors de leurs fonctions; on la voit détaillée *Pl.* 9, *fig.* I ; & en place *Pl.* 4 , *fig.* G.

La Robe-de-Chambre , robe longue qu'on met en fe levant & après s'être deshabillé ; on en voit de deux fortes détaillées *Pl.* 9 , *fig.* II & III.

La Camifole eft , pour ainfi dire , une Vefte de deffous qu'on met fouvent immédiatement fur la peau : il s'en fait à manches & fans manches ; cette derniere fe nomme un gilet.

CHAPITRE V.

Inftruments du Tailleur.

Comme toute la manufacture du Tailleur ne confifte qu'à tracer, couper & coudre, il n'auroit befoin que de craye, de cizeaux *D*, d'un dés à coudre, d'aiguilles, de fil & de foye, fi ce n'étoit qu'en faifant ces opérations, il ne peut s'empêcher de corrompre & chiffonner un peu les endroits qu'il travaille ; c'eft pourquoi afin de les remettre à l'uni, d'applatir fes coutures, & de remettre l'étoffe dans fon premier luftre, il eft obligé de faire une efpece de repaffage au moyen du petit nombre des inftrumens fuivants.

NCHE 6. *A* Le Carreau. C'eft pour ainfi dire le feul inftrument néceffaire ; les autres ne font qu'auxiliaires : il eft entiérement de fer, plus grand & du double plus épais qu'un fer à repaffer ; il eft quarré par un bout, & terminé en pointe par l'autre ; il a une poignée qui n'eft point fermée pardevant.

Le Carreau s'employe toujours chaud ; on ne doit le chauffer que fur de la braife, prenant bien garde qu'il ne s'y trouve point de fumerons ; il ne faut pas le trop chauffer ; on effaye fon dégré de chaleur en l'approchant de la joue, ou bien en le paffant fur un morceau d'étoffe qu'il ne doit pas rouffir lorfqu'il eft au dégré convenable.

Comme tous les Inftruments fuivants au nombre de quatre, font deftinés à aider le travail du carreau, leurs ufages conjointement avec le fien va fuivre leurs defcriptions.

La Craquette *B* eft un inftrument totalement de fer ; celui qui eft repréfenté ici eft quarré ; au milieu de chaque face eft une rainure : on fait des craquettes en triangle ; à celles-là les rainures coulent le long de chaque angle : la craquette s'employe toujours chaude, mais moins que le carreau.

Le Billot *C* eft un inftrument de bois plein, de 4 pouces d'épaiffeur, de 6 pouces de haut, & de 9 à 10 pouces de long.

Le Paffe-carreau n'eft différent du billot, que parce qu'il eft du double plus long.

Le Patira *EE* eft de laine ; c'eft le Tailleur même qui le conftruit en coufant l'un à l'autre de groffes lifieres de drap, dont il forme un morceau quarré d'un pied & demi ou environ ; on peut en faire un fur le champ d'un morceau d'étoffe ; mais le meilleur eft de lifieres.

Ufage des Inftruments.

1°. Le grand ufage de la Craquette eft pour les boutonnieres ; on les pofe fur fes rainures, & preffant la pointe du carreau à l'envers de la boutonniere le long de fon milieu, fes côtés s'uniffent & fe relevent. 2°. Le Billot fert à applatir les coutures tournantes, & le Paſſe-carreau à applatir pareillement les coutures droites & longues. On les poſe ſur ces inſtruments, & on les preſſe à l'envers avec le carreau; il ſert encore de la même façon à unir toutes les coutures des rabattements de la doublure avec le deſſus. 3°. Le Patira ſert à unir les galons après qu'ils ſont couſus; on met deſſus l'étoffe galonnée, le galon en deſſous, du papier entre le galon & le patira, & on preſſe le carreau à l'envers; mais aux galons de livrée veloutés, on ne met point de papier, de peur de glacer le velours.

Nota. Qu'aux draps ſeuls, afin de conſerver leur luſtre aux endroits des coutu-res, il faut, auſſi-tôt qu'on a levé le carreau, appuyer ſon bras à plat ſur la couture, & l'y laiſſer juſqu'à ce qu'elle ſoit refroidie, parce que la chaleur du carreau pom-pe une humidité en ermée dans l'apprêt du drap qu'on empêche par cet expé-dient de s'évaporer.

Le Bureau: les Tailleurs nomment ainſi la table quelconque ſur laquelle ils tracent & taillent leurs étoffes.

L'Etabli eſt la table ſur laquelle ils couſent & travaillent aſſis à plat, les jam-bes croiſées.

CHAPITRE VI.

Des Points de Couture.

COMME la connoiſſance des différents points de couture eſt eſſentielle aux Tail-leurs, on va tâcher de les détailler ici le plus intelligiblement qu'il ſera poſſi-ble, en les accompagnant de figures qui puiſſent aider à les faire comprendre. La figure de chacun eſt deſſinée ſur trois faces, au bas de la Pl. 5. l'une repréſente l'épaiſſeur des étoffes vues de face & un peu éloignées l'une de l'autre, pour faire appercevoir le chemin que le point parcourt; l'autre fait voir l'apparence des points ſerrés du côté où l'on coud; la troiſiéme montre le même point vu par-deſſous.

POINTS SIMPLES PLANCHE 5.

1.

Le point devant.

Piquez les deux étoffes du haut en bas & du bas en haut toujours également ſans vous arrêter, *a* deſſus, *b* deſſous.

2.

Le point de côté.

Après avoir piqué les deux étoffes de bas en haut, ramenez par dehors le fil en deſſous; continuez toujours de même; quand le deſſous dépaſſe, on pique au travers, *c* deſſus, *d* deſſous.

3.

L'arriere-point où point-arriere.

Les deux étoffes piquées de bas en haut, repiquez de haut en bas, au milieu du point en arriere, & toujours ainſi d'un ſeul coup de main ſans changer l'aiguille de ſituation & ſans vous arrêter, *e* deſſus, *f* deſſous.

4.

Le point lacé.

Il ſe travaille comme le point-arriere, excepté qu'il ſe fait en deux temps; quand vous êtes revenu en haut, vous ſerrez le point; puis retournant l'aiguille la pointe en bas vous repiquez en arriere comme au précédent; celui-ci eſt le plus ſolide des points ſimples, *g* deſſus, *h* deſſous.

POINTS A RABATTRE ET DE RENTRAITURE.

On appelle *points à rabattre & de rentraiture*, ceux dont on ſe ſert quand après avoir joint deux étoffes enſemble par leurs bords à l'envers avec un point ſimple, & les avoir retournés à l'endroit tout le long de ladite couture, on s'en ſert pour ſerrer les deux retours l'un contre l'autre; ce qui rend la jonction des pieces extrêmement ſolide.

5.

Le point à rabattre ſur la main.

Piquez de haut en bas, puis de bas en haut, toujours en avant, les points près à près, & à égale diſtance, *i* deſſus, *m* deſſous.

6.

Le point à rabattre ſous la main.

Il ſe fait comme le précédent, excepté qu'ayant percé l'étoffe ſupérieure, vous allez par dehors piquer l'étoffe inférieure au travers; puis vous les percez toutes deux en remontant: on ſe ſert de ce point pour coudre la doublure au-deſſus quand il la dépaſſe: *k* deſſus, *n* deſſous.

7.

Le point à rentraire.

Ce point s'exécute comme le point à rabattre ſur la main; mais il ſe fait en deux temps comme le point lacé en retournant l'aiguille; avant d'employer celui-ci on coud, comme il eſt dit ci-deſſus, les deux envers avec quelqu'un des points ſimples; puis on retourne la piéce à l'endroit, & tirant de chaque main pour découvrir où eſt la couture, on ſerre avec ce point les deux retours l'un près de l'autre: les points doivent être très-courts & prendre très-peu d'étoffe pour s'y confondre, de façon qu'à peine puiſſe-t-on les appercevoir; *l* deſſus, *o* deſſous.

Le

Le point perdu.

Suivez le même procédé qu'on vient de donner pour rentraire ; vous ferez ici le point arriere, qu'à peine doit-on appercevoir ; c'est ce qu'on nomme dans ce cas le *point perdu*.

Nota. Que le point de rentraiture est celui qu'on fait aux draps, à la ratine & autres étoffes qui ont de la confiftance ; & qu'aux étoffes de foie légeres, comme la luftrine, le camelot de foie, &c. on fe fert du point perdu.

Le numéro 8 eft relatif à la Couturiere ; on y renverra quand on traitera fon Art ci-après.

Les points qui forment les boutonnieres.

Toute boutonniere n'eft pas conftruite par le Tailleur : il s'en fait de diverfes façons, foit en galon, en broderie, &c. qu'il ne fait qu'efpacer & coudre ; mais quand il les forme lui-même il fe fert de trois fortes de points : d'abord il trace fa boutonniere avec deux points longs & paralleles *r*, qu'il nomme *points coulés* ; ces deux points deffinent, pour ainfi dire, la boutonniere, & c'eft leur difpofition qu'il appelle *la paffe* : il enferme la paffe d'un bout à l'autre dans ce qu'il nomme *le point de boutonniere*, & finit par faire les deux brides, une à chaque bout, par trois petits points coulés près-à-près qu'il enferme enfuite daus une rangée de points noués.

Le point de boutonniere *t*, fe pique de deffus en deffous, le long de la paffe, fe releve enfuite un peu en arriere & d'équerre à la paffe ; l'aiguille ayant reperc é en deffus, on la fait entrer, avant de ferrer, dans l'efpece d'anneau que la premiere piqûre a formé le long de la paffe, ce qui fait un nœud qui prend la paffe en fe ferrant ; on continue ainfi jufqu'à ce que toute une paffe foit couverte de nœuds ; on les travaille ainfi toutes deux ; il ne s'agit plus que de faire une bride à chaque bout.

Pour faire la bride, on commence par trois petits points coulés près-à-près du fens des points de boutonniere ; puis on les enveloppe avec le point de bride qui eft une efpece de point noué tel qu'on peut le comprendre par la figure *S* ; ce point n'entre pas dans l'étoffe, il ne prend que les trois points coulés.

CHAPITRE VII.

Prendre la Mesure.

Ici commence le travail du Tailleur.

L'habit complet confiftant, comme on a déja dit, en juftaucorps, vefte & culotte, il eft néceffaire que ces trois parties foient proportionées à celles du corps qu'elles doivent couvrir : il faut donc prendre les mefures de chacune fur la perfonne pour laquelle elles doivent être faites ; c'eft la premiere opération du Tailleur ; elle s'exécute avec des bandes de papier larges d'un pouce & coufues bout à bout jufqu'à la longueur fuffifante, ce qui s'appelle une *mefure.*

On porte fucceffivement cette mefure depuis le bout qu'on a déterminé être celui d'enhaut par une hoche qu'on a faite à fon extrémité, aux endroits dont on doit connoître les dimenfions, foit en longueur, foit en largeur; on marque chacune fur la mefure par un ou deux petits coups de cizeau. Le Tailleur doit reconnoître par la fuite toutes ces hoches & entailles; un peu d'habitude y parvient aifément.

Dans le tems que le Tailleur prend la mefure, il doit encore obferver ce qu'il ne peut marquer fur le papier; c'eft la ftructure du corps, comme les épaules hautes ou avalées, la rondeur & la tournure du ventre, la poitrine plate ou élevée, &c. afin de tailler en conféquence ; à l'égard des défauts de conformation, fon Art eft de les pallier par des garnitures, foit de toile, de laine, de coton, &c. pour les plus confidérables, on taille au prorata une houette gommée, on l'ouvre en deux, & on la garnit de crin à matelas.

Mefures en papier. Pl. 7, Fig. VI.

a, Groffeur du bras.	*m*, Hauteur de la poche de l'habit.
b, Quarrure du derriere.	*n*, Longueur de la vefte.
c, Quarrure du devant.	*o*, Longueur du derriere de l'habit.
d, Longueur jufqu'au coude.	*p*, Longueur du devant de l'habit.
e, Longueur du bras.	*q*, Groffeur de la culotte au genou.
f, Groffeur du milieu du corps.	*r*, Groffeur au milieu de la cuiffe.
g, Groffeur du haut.	*s*, Groffeur au haut de la cuiffe.
h, Groffeur du bas.	*t*, Groffeur de la ceinture.
i, Longueur de la taille.	*u*, Longueur de la culotte.
l, Hauteur de la poche de la vefte.	

Nota. Que quoique toutes ces mefures fe marquent toujours fur la même bande de papier, celles de la culotte feulement ont été mifes dans la Planche fur une feconde bande pour éviter la confufion.

Il a paru convenable pour éclairer davantage cette opération, de la tranfporter fur le fujèt même ; c'eft pourquoi on a deffiné les trois Figures *A B C, Pl.* 4, fur lefquelles les mefures font marquées aux endroits où le Tailleur les prend.

Pl. 4, *Fig. A, pour le juftaucorps.*

a, Quarrure de derriere.

bb, Quarrure de devant.

cc, Groffeur du haut du corps.

g, Groffeur du milieu du corps paffant fous les bras.

h, Groffeur du bas du corps.

d, Groffeur du bras.

ee, Longueur du bras jufqu'au coude.

ff, Longueur de tout le bras.

mm, Longueur de la taille.

ii, Longueur jufqu'à la poche du juftaucorps.

l, Longueur du devant du juftaucorps.

p, Longueur du derriere du juftaucorps.

Fig. B, pour la vefte.

Les mefures fe prennent comme pour le juftaucorps, mais un peu plus juftes pour la vefte dans toutes fes proportions, c'eft-à-dire qu'au juftaucorps on ne porte la mefure que jufqu'au bout des boutonnieres en devant, & que les mêmes mefures doivent aller jufqu'au bord de la vefte ; il ne refte plus qu'à prendre fa longueur jufqu'à la poche.

o, Longueur de la vefte.

n, Longueur jufqu'à la poche.

Fig. C, pour la culotte.

q, Le tour de la ceinture.

r, Le haut de la cuiffe.

s, Le milieu de la cuiffe.

t, La groffeur au genou.

u, La longueur de la culotte.

CHAPITRE VIII.

Tracer fur le Bureau.

Avant de décrire la maniere de tracer à la craie & de tailler tout vêtement, il eft bon d'obferver préalablement que parmi les étoffes qui fervent à l'habillement, plufieurs étant de largeurs différentes, on pourroit être embarraffé de favoir la quantité d'aunes que l'on doit employer, fi on n'avoit pas une regle générale de proportion de laquelle on puiffe partir pour connoître ce qu'il faut d'étoffe de plus ou de moins fur la longueur, relativement à fa largeur. Cette regle eft tirée du Livre de Benoît Boulay, dont il eft parlé dans l'Avant-propos. Il dit que » s'il manque deux doigts ou environ, c'eft-à-dire, un pouce & » demi fur une aune de large, ce fera une diminution d'un demi quart fur trois » aunes ; qu'ainfi fi on a befoin de trois aunes de long fur une aune de large, & » que l'étoffe ait un pouce & demi moins de l'aune fur fa largeur, on fera obli- » gé de rapporter ce pouce & demi fur la longueur, & de prendre trois aunes » demi quart de long ; enfin il faut ajouter en longueur ce qui manque en lar- » geur.

Le Tailleur étant muni de fa mefure & de l'étoffe qu'il va employer, il commencera, fi c'eſt du drap, par en arracher les liſieres; enſuite il l'étend ſur le bureau, & le plie bien exactement en deux ſur ſa longueur; fi c'eſt une étoffe étroite, il la plie en deux moitiés ſur ſa largeur; ainſi il a toujours l'étoffe double; il trace ſur celle de deſſus, & coupe toutes les deux du même coup de cizeau.

Il eſt bon qu'il ait pluſieurs modeles en papier de différentes tailles & groſ-ſeurs, juſqu'à la hauteur de la patte ſeulement, ce qui l'aide beaucoup pour tra-cer le corps de l'habit : quand il en a choiſi un qui aille à peu-près à ſa meſure, il l'applique ſur l'étoffe où il le trace légérement avec de la craie ; puis portant ſa meſure à plat de place en place, & faiſant une marque de craie à l'extrémité de chaque meſure, il deſſine enſuite entiérement le corps, en paſſant ſa craie par toutes les marques qu'il vient de faire : il aura auſſi des modeles pour les man-ches, les parements & les devants de culotte; mais il doit avant de faire cette opération, avoir combiné ſes places pour toutes les piéces de l'habit, de façon qu'après qu'il les aura coupées, il ſe trouve le moins de déchet que faire ſe pourra : chacun a ſa routine; mais ceux qui demandent plus d'étoffe qu'il n'en faut à d'autres, ne ſont pas les plus habiles à la taille ; ou bien, &c.

REMARQUES.

Aux étoffes qui ont du poil, le ſens de l'étoffe eſt du côté où le poil deſcend, il n'y a qu'aux velours où il doit être en haut; comme auſſi à toutes étoffes à figures il ne faut pas que le deſſein ſoit renverſé.

Celles qu'on a choiſies ici pour ſervir à la deſcription des vêtements qui vont ſuivre, ſont en étoffes larges, le drap de quatre tiers de largeur, & en étroites le velours de demi-aune ou environ.

Le Tailleur auquel on s'eſt adreſſé, a diſpoſé ſes traces comme elles ſont re-préſentées, Planches 7. 8. 9. 10. & 11.

L'Habit complet en drap de quatre tiers de large, tracé dans trois aunes & demi de long, Planche 7, Figure I.

JUSTAUCORPS.

A A, Les deux devants.

B B, Les deux derrieres.

C C, Les quatre quartiers de manches.

D D, Les quatre quartiers de pare-ments.

E, Les deux pattes.

F, Les chanteaux des deux devants (*).

G, Les deux crans (**).

(*) Comme les termes de *chanteau* & de *cran* ne ſont gueres connus que par les Tailleurs, on ſaura qu'ils appellent *chanteau* un morceau pris quelque part, comme en F, pour l'ajouter à une piece, qui, à cauſe de ſa longueur ou largeur, n'a pu être priſe toute entiere dans l'étoffe. Par exemple, comme l'étoffe qui doit faire les plis des devants *A A*, a ceſſé néceſſairement au bord du drap en *o o*, ſans avoir toute ſon étendue, on a tracé les chanteaux F, qui ſe couſeront par la ſuite le long de *o o*, & termineront la piece.

(**) Le *cran* eſt un petit morceau quarré qu'on ajoute au haut du pli de derriere du Juſtaucorps ; mais comme cette manœuvre demande un détail particulier, on la trouvera à l'endroit q ui a pour titre *les plis*.

VESTE

VESTE.

aa, Les deux devants.

bb, Les deux derrieres.

cc, Les quatre quartiers de manches.

d, Les deux pattes.

CULOTTE.

1, Les deux devants.

2, Les deux derrieres.

3, Les deux pieces de la ceinture.

4, La petite patte de devant.

On ajoute un bord de col de quatre à cinq lignes de large quand il est redoublé autour du haut du justaucorps & de la veste, pour les border & fortifier ; on ajoute aussi à la culotte une petite sous-patte pour border la poche en travers. Ces morceaux sont si peu de chose, qu'on ne les met pas ici en ligne de compte ; on les trouvera par-tout dans le déchet.

Quand la culotte est à pont, c'est-à-dire, fermée par devant, on y ajoute trois pieces, pour l'intelligence desquelles voyez sa description à la fin du Chapitre neuvieme, celle de la culotte de peau, & la *Pl.* 4, *Fig. F.*

Nota. Pour que la culotte n'ait ni trop, ni trop peu de fond, on prend un des devants taillés, on le pose sur les derrieres ; on prend un fil ou une ficelle, dont on met un bout à l'entre-jambe, comme centre ; on porte l'autre bout, ayant de la craie à la main, au côté où sera la poche en long ; alors la ficelle tendue, on trace avec la craie sur le derriere, une portion de cercle qui marquera la juste proportion du fond.

L'Habit complet en Velours, ou autres étoffes étroites, d'une demi-aune de large, tracé dans neuf aunes de long, Pl. 7, *Fig. II. & deuxieme II.*

Ces deux Figures représentent une piece d'étoffe étroite de demi-aune de large & de neuf aunes de long ; on l'a séparée sur sa longueur, ce qui ne doit pas être ; mais on y a été contraint, parce quelle n'auroit pas pu tenir dans la Planche en un seul morceau : supposant donc qu'elle est de toute sa longueur pliée en deux.

JUSTAUCORPS.

aa, Les deux devants.

bb, Les deux derrieres.

cc, Les quatre quartiers de manches.

dd, Les quatre quartiers de parements.

e, Les deux pattes.

f, Les deux chanteaux de devant.

f:, Les deux chanteaux de derriere.

g, Les deux crans.

VESTE.

hh, Les deux devants.

i, Les deux pattes.

l, Les deux basques de derriere.

mm, Les quatre bouts de manches en amadis.

Culotte.

n, Les deux devants. | *o*, Les deux derrieres.

On ne voit point ici à la veste ni derrieres ni manches, parce qu'on ne fait presque jamais ces parties de la même étoffe du dessus, non-seulement au velours, mais aux étoffes d'or ou d'argent, & très-rarement à celles de soie. Au velours, parce qu'il feroit perpétuellement remonter l'habit ; aux étoffes d'or, d'argent & de soie, pour en épargner le prix, & attendu qu'il est inutile de les employer où elles ne se voyent point ; on met au dos & aux manches de toutes ces vestes quelque autre étoffe de moindre valeur, comme toile, futaine, bazin, &c. Ces vestes ont alors ce que les Tailleurs appellent *les défauts* ; on ajoute seulement des bouts de manches en amadis de l'étoffe du dessus, & les basques de derriere, parce que ces parties sont visibles.

L'Habit complet séparé. Planche 7, Figures III, IV & V.

Ces trois figures représentent en étoffes larges, les traces d'un justaucorps seul, d'une veste seule, & d'une culotte seule, en drap de quatre tiers ; le justaucorps est fait en deux aunes, la veste en une aune, la culotte en une demi aune.

Le justaucorps *seul, Fig. III.*

A A, Les deux devants.   *E*, Les deux pattes.
B B, Les deux derrieres.   *F*, Les deux chanteaux de derriere.
C C, Les quatre quartiers de manches.   *G*, Les deux chanteaux de devant.
D D, Les quatre quartiers de pare-   *H*, Les deux crans.
    ments.

La veste *seule, Fig. IV.*

a, Les deux devants.   *c*, Les quatre quartiers de manches.
b, Les deux derrieres.   *d*, Les deux pattes.

La Culotte *seule, Fig. V.*

1, Les deux devants.   3, Les deux pieces de la ceinture.
2, Les deux derrieres.

En velours ou étoffe étroite, pour le justaucorps, six aunes ; pour la veste, une aune, à cause des défauts. *Voyez* le titre *Veste & culotte*, ci-après. Pour la culotte, une aune & demie.

Dans la *Pl. 4, Fig. E* est représenté un François en habit complet.

Le Surtout et le Volant.

Le Surtout est proprement un justaucorps de campagne, qui cependant est

devenu très-commun à la ville ; on le met par-deſſus la veſte, comme le véritable juſtaucorps, la ſeule différence entre eux, eſt que le juſtaucorps a des boutons & des boutonnieres du haut en bas, le long des devants, au lieu que celui-
ci n'en a que juſqu'au niveau des pattes, & trois boutonnieres de chaque côté
à l'ouverture de derriere ; on lui ajoute quelquefois un collet.

Le Volant eſt de même une eſpece de juſtaucorps; mais les différences en ſont
plus grandes qu'au précédent : 1° il n'a ni boutons ni boutonnieres aux manches;
2°. point de pattes ni poches ; 3°, il croiſe par derriere; 4°, on lui met un colet
avec un bouton & une boutonniere : il ſe met communément par-deſſus le juſtaucorps.

LA FRAQUE ET LE VESTON.

La Fraque eſt auſſi une eſpece de juſtaucorps imaginé depuis peu ; il a peu de
plis, & n'a point de pattes.

Le Veſton eſt une eſpece de veſte de nouvelle datte; il eſt à baſques très-cour-
tes, & il a de petites pattes, au haut deſquelles eſt communément l'ouverture
de la poche ; on s'en ſert volontiers par-deſſous la redingotte ci-après.

LA REDINGOTTE.

La *Pl. 8. Fig. II.* repréſente la trace des piéces de la Redingotte, vêtement
qui n'eſt pas bien ancien en France ; il tire ſon origine d'Angleterre ; nous l'a-
vons adopté, & il eſt maintenant très-commun parmi nous: l'expreſſion Angloiſe
que nous avons franciſée, eſt *Ridinchood*, qui ſignifie habit ou manteau pour
monter à cheval, dont nous avons formé le mot *Redingotte*. Cet habit eſt une
eſpece de manteau à manches, garni de boutons & boutonnieres juſqu'à la
ceinture.

On la conſtruit de drap ou autre étoffe forte & de réſiſtance ; on l'a tracée ici
dans deux aunes & demie de drap de quatre tiers de large.

a, Les deux devants.	*ff*, Le paramentage (*).
b, Les deux derrieres.	*n*, Le colet.
cc, Les quatre quartiers de manches.	*m*, La rotonne (**).
dd, Les quatre quartiers de parements.	

Le *droit fil* exprimé dans la note ci-deſſous, dont il ſera ſouvent queſtion par
la ſuite, eſt une bande de groſſe toile qu'on place en certains endroits, entre
l'étoffe & la doublure, pour leur donner de la fermeté.

Dans la *Pl. 4. Fig. D*, eſt repréſenté un François en redingotte.

(*) *Paramenter.* Le paramentage eſt un morceau
de l'étoffe du deſſus, que l'on coud au lieu de
doublure, *un droit fil entre deux* dans certains endroits, pour les fortifier, quand le reſte n'eſt point
doublé : il ſert ici à border le bas de la redingotte
qu'on ne double pas.

(**) *La Rotonne* eſt une eſpece de colet large
tombant ſur les épaules au deſſous du véritable
colet.

LA ROQUELAURE.

La *Fig.* I repréfente la trace des pieces de la Roquelaure, efpece de manteau imaginé fuivant l'apparence par quelqu'un de la maifon. C'eft un vêtement très-commode pour voyager à cheval; on y met quelques boutons & boutonnieres vers le haut : elle fe fait ordinairement de drap ; elle eft ici de même largeur & aunage que la précédente.

A, Les deux devants.

B, Les deux derrieres.

C, Les deux chanteaux de devant.

D, Les deux chanteaux de derriere.

E, Les deux pieces du colet.

LA SOUTANELLE.

La Soutanelle eft proprement le juftaucorps des Eccléfiaftiques; elle fe diftingue du juftaucorps laïque, en ce qu'elle n'eft pas dégagée du bas, c'eft-à-dire, qu'elle n'ouvre pas par devant en bas ni par derriere, qu'elle n'a aux côtés que quatre plis, point de demi-pli, qu'elle ne croife point & n'a point de pli par derriere, & qu'elle n'a que dix-huit ou vingt boutons plus petits que des boutons de vefte.

LA SOUTANNE.

La *Fig. III*, repréfente la trace des piéces de la Soutanne; c'eft la robe Eccléfiaftique : elle prend la taille comme un juftaucorps; mais enfuite elle s'élargit, defcend jufqu'aux pieds & touche à terre : elle fe fait toujours de drap noir; elle eft prife ici en trois aunes de long d'un drap de quatre tiers de large.

A A, Les deux devants.

B B, Les deux derrieres.

C C, Les quatre quartiers de manches.

D D, Les quatre quartiers de pare-

ments.

E, Les deux chanteaux de devant.

F, Les deux chanteaux de derriere.

G, bandes pour border le tour du bas.

La *Fig. I*, de la *Pl.* 4, repréfente un Prêtre en foutanne.

LA ROBE DE PALAIS.

La *Fig. I*. de la *Pl.* 9, repréfente la trace des pieces de la robe de palais : cette Robe eft particuliere aux gens de Juftice, & ne leur fert que dans le tems de leurs fonctions; elle doit traîner à terre par derriere; il faut quatorze aunes d'étoffe étroite de demi-aune de large, pliée en double fur fa largeur; n'ayant pu mettre la piece en entier dans la Planche, on l'y trouvera en deux parties.

A, Les deux devants.

B, Les deux derrieres.

C, Les deux chanteaux de devant.

D, Les deux chanteaux de derriere.

E, Les deux quartiers du deffous des manches.

F G, Les quatre quartiers du deffus des manches.

Ces fix quartiers font les deux manches entieres.

H H, Les quatre bandes des plis des manches.

On

On trouvera dans le déchet de quoi faire le bord de col.

La *Fig. G* de la *Pl.* 4, repréſente un homme de Juſtice en robe de Palais.

LA ROBE DE CHAMBRE.

Elle ſe peut conſtruire de deux manieres, ou à manches rapportées ou en chemiſe : on les a tracées ici toutes deux ; l'une & l'autre ſe fait en ſix aunes d'étoffe étroite.

La *Fig. II*, repréſente la trace des pieces de la Robe de chambre à manches rapportées.

a, Les deux devants.

b, Les deux derrieres.

c c, Les quatre quartiers de manches.

dd, Les quatre quartiers de parements.

e, Les deux chanteaux de derriere.

f, Les deux chanteaux de devant.

g, Le collet.

La *Fig. III.* repréſente la trace des pieces de la Robe de chambre en chemiſe.

A A, Les deux devants.

B B, Les deux derrieres.

C, Les deux chanteaux de devant.

D, Les deux chanteaux de derriere.

E, Les deux moitiés de ceinture.

F, Les deux manches : la ligne ponctuée marque l'endroit où on les plie.

G, Le collet.

H, Les gouſſets.

LE MANTEAU.

La *Fig. I, Planche* 10 , repréſente la trace des pieces du Manteau François : PLANCHE 10 il eſt aſſez ancien parmi nous ; c'eſt peut-être la raiſon pour laquelle il a paſſé de mode, & en même temps celle qui l'y fera revenir ; car il eſt très-bon pour garantir du froid à pied & à cheval.

Il ſe fait toujours, pour une taille ordinaire, dans quatre aunes de drap, communément de drap écarlate ; il dépaſſera le juſtaucorps de trois à quatre pouces. Pour le tracer, on ne redouble point le drap, on l'étend de toute ſa largeur ; puis on prend deux centres *a a*, l'un d'un côté dans la ſeconde aune, l'autre de l'autre côté dans la troiſieme aune ; de chaque centre tracez un demi-cercle, ces deux demi-cercles dont le diametre ſera d'environ une aune un quart, doivent ſe rencontrer au milieu de l'étoffe en *d* ; coupez autour de chaque centre un petit demi-cercle d'un grand quart de diametre pour l'ouverture du col ; *hh* feront les deux moitiés du collet ou rotonne : on prendra dans le déchet deux morceaux ſuffiſants pour doubler par devant un eſpace vers le haut.

Le déchet, il eſt vrai, eſt conſidérable dans un drap de quatre tiers ; mais dans un drap d'une aune on ne pourroit éviter les coutures, attendu qu'il faudroit prendre des chanteaux pour terminer les demi-cercles.

La *Fig. PP*, *Pl.* 3 repréſente un François enveloppé dans ſon manteau.

Le Manteau court d'Abbé.

Le Manteau court eft une des marques diftinctives des Abbés; il fe fait toujours en étoffe legere & étroite, d'environ une demi-aune, comme voile, étamine, &c. Il en faut quatre aunes & demie; il doit dépaffer la foutanelle d'environ deux pouces.

La *Fig. II* repréfente la trace des pieces du manteau court.

Commencez par prendre un centre *A*, duquel vous tracerez un demi-cercle avec la craie, dont le diametre foit une aune plus ou moins, fuivant les tailles; pofez votre étoffe à un bout du demi-cercle, & l'étendez tout le long du diametre; coupez-la en *a* & en *b*; portez ce qui vous reftera d'étoffe *AA* en *CC*; accollez ce reftant au premier lez *ab*, le dernier bout *x* dépaffera les deux portions de cercle de la feconde coupe *dd*, fuffifamment pour y trouver le chanteau *e* & le contre-chanteau *f*, qui doivent remplir le refte du demi-cercle marqué par une ligne ponctuée; vous y trouverez auffi le collet *g* & fa doublure *h*; tracez & coupez le petit demi-cercle d'un quart de diametre pour l'ouverture du col *A*.

La *Fig. H* de la Planche 4, repréfente un Abbé en manteau court.

Le Manteau long Ecclésiastique.

Ce Manteau, qui, comme le précédent, n'occupe que le dos, eft affecté aux feuls Eccléfiaftiques dans les Ordres; il eft très-long & traîne à terre; il fe fait toujours en étoffe étroite & légere, de demi-aune de large; il en faut neuf aunes.

Le bureau du Tailleur eft rarement affez grand pour pouvoir y tracer & tailler ce Manteau. On commencera à le tracer à la craie fur un plancher balayé & bien propre. La Planche 11, repréfente la trace du Manteau long.

Prenez un centre comme à tous les manteaux ci-deffus, & faites un demi-cercle avec de la craie, dont le diametre *a a* foit de trois aunes (la circonférence de ce demi-cercle eft ponctuée dans la figure); enfuite au-delà, en dehors, vis-à-vis de fon centre, avancez une ligne droite qui ait un tiers d'aune de long, (cette ligne eft auffi ponctuée en *o*); vous partirez de fon extrémité pour tracer la courbe *bbb*, qui doit venir joindre en mourant les deux bouts du diametre *a a*; cet allongement formera la queue traînante; tracez le petit demi-cercle pour l'ouverture du col: cela fait, prenez vos neuf aunes d'étoffe, pofez-en un bout à une extrémité du diametre *a a*, & l'étendez tout le long paffant par le centre; coupez votre étoffe en fuivant les deux premieres courbures; prenez le furplus *A* de l'étoffe, portez-le en *A 2*; couchez ce fecond lez le long du premier; coupez celui-ci en *B*; portez cette feconde coupe en *B 2*; coupez en *C*; portez en *C 2* le refte de l'étoffe, il en dépaffera une portion *M*, où vous prendrez aifément de quoi faire un collet pareil au précédent.

LA CAMISOLE *ou* GILET.

La camifole, autrement gilet, fe met ou fur la peau ou par deffus la che-- mife : fur la peau, elle ne fe fait qu'en flanelle ; fi elle fe met fur la chemife, on la fait en toutes étoffes chaudes & légeres. Elle fe conftruit avec ou fans man- ches, & fe taille à-peu-près comme une vefte de laquelle on auroit fupprimé les bafques ; on taille le dos prefque tout droit ; on ne la double point, on ajoute aux devants fimplement deux bandes de la même étoffe, à caufe des boutons & bou- tonnieres qui vont du haut en bas : on ne doit y mettre que des petits boutons plats.

CHAPITRE IX.

Tailler, traiter & monter l'Habit complet.

JUSTAUCORPS.

Après avoir enfeigné & démontré par Figures les traces des piéces de l'habit complet, fuivies de celles des autres vêtements François compris dans ce Traité, on revient ici à fon entiere conftruction, qui fera fuivie de quelques circonf- tances particulieres attachées à celle des fufdits habillements.

Tailler un vêtement quelconque, c'eft en couper toutes les pieces après fes avoir tracées fur l'étoffe ; enfuite de quoi il s'agit de les traiter à l'aiguille.

Traiter, fignifie coudre à tout vêtement ce qui doit néceffairement y être ajouté.

Monter l'habit, eft coudre en place les devants aux derrieres, les manches, la pliffure : cette derniere façon eft la plus difficile à bien exécuter ; c'eft pour- quoi lorfque le Maître n'y fçauroit vaquer, il en charge le plus habile de fes Garçons.

Il a été déja dit au Chapitre fecond, qui traite de l'idée générale de l'Art du Tailleur, que l'habit complet, qui eft juftaucorps, vefte & culotte, eft le vêtement le plus compliqué, c'eft-à-dire, que tous les principes y font renfer- més ; c'eft pourquoi on le prend ici pour exemple, afin de détailler ces regles, & de les expliquer le mieux qu'il fera poffible.

Après que toutes les pieces du juftaucorps, ainfi que celles de la vefte & de la culotte, ont été tracées, commencez à tailler d'abord les derrieres, puis les devants, les manches, les chanteaux ; le furplus fera pour la ceinture de culotte, les pattes, &c.

Les pieces étant taillées, la premiere chofe que vous devez faire eft de forti- fier par des droit-fils (*) le haut des plis de côté, tant des devants que des

---

(*) Ce qu'on nomme un *droit-fil*, eft une bande | tache à l'envers de l'étoffe aux endroits qu'on veut de toile forte, large d'un à deux pouces, qu'on at- | fortifier.

derrieres, pour éviter qu'en travaillant ensuite l'habit, ces endroits, déja entaillés par le ciseau, ne viennent à être déchirés ; vous y ajouterez donc, & y couserez à chacun un droit-fil que vous tournerez en fer à cheval renversé ; vous engagerez la partie du droit-fil qui s'attache au premier pli des devants dans la couture des pattes, quand on les attache pour couvrir l'ouverture des poches ci-après ; à l'égard du pli du derriere, vous le formerez tout de suite, & y ajouterez le cran.

PLANCHE 5.
LE CRAN.
　　Le Cran *CC, Pl.* 5, est un petit morceau quarré pris dans les recoupes de l'étoffe du dessus (*Voyez les traces du Justaucorps ci-devant*), dont la destination est de remplir un vuide qui se fait naturellement entre le pli de derriere & son ouverture, lorsqu'on forme ce pli ; c'est afin de pouvoir le former, qu'on a donné en taillant le derriere un coup de ciseau *D* en travers de l'étoffe ; lorsqu'on la replie en dessous de *E* en *F*, ligne ponctuée *Fig. B*, on amene nécessairement le surplus de l'étoffe *E*, qu'on a laissée exprès pour remplir un intervalle *G*, entre le pli & l'ouverture de derriere, d'environ 4 pouces de large, parallélement au dos apparent dudit pli *H* jusqu'en bas, & afin d'espacer juste ces deux paralleles, c'est-à-dire, celle du dos du pli avec la fente du derriere, on prend la bande de papier qui a servi de mesure ; on la tend du haut en bas, depuis *m*, passant près de *l* & finissant en *k*, toujours en ligne droite ; alors on enfonce son pli parallele à ladite bande, le long de laquelle on coupe ensuite le bord de la fente du derriere : c'est entre ces deux distances, que l'on fera de chaque côté les boutonnieres de derriere, qui ne servent que d'accompagnement à ladite ouverture.

　　En faisant cette opération, c'est-à-dire, en poussant en dessous le pli, le haut de l'étoffe s'est incliné, ce qui a formé un vuide entre le coup de ciseau susdit & le haut de l'étoffe. Pour remplir l'intervalle entre le pli & la fente de derriere, il s'agit de boucher ce vuide avec une piece ; car il seroit mal qu'on apperçût en cet endroit apparent une couture en biais : pour y remédier on augmente le vuide, & on le rend quarré par un coup de ciseau parallele au premier, observant de couper l'étoffe à la distance qu'on donnera par la suite d'une boutonniere à l'autre ; car chaque côté de l'ouverture du derriere doit avoir plusieurs boutonnieres : on ferme ensuite ce quarré vuide avec le cran *C*, & lorsqu'on fait les boutonnieres, on travaille la premiere autrement la plus haute sur la couture qui joint le cran avec le premier coup de ciseau, & la seconde sur celle qu'on a faite au-dessous : de cette façon les deux coutures sont cachées par les boutonnieres ; mais si l'habit est bordé, le Tailleur n'ayant point de boutonnieres à y construire, il doit faire en sorte qu'il n'y ait point de vuide quand il forme son pli ; c'est une adresse de sa part, au moyen de laquelle, en employant un peu plus d'étoffe, il supprime le cran, & n'a qu'une couture à faire qui est indispensable.

LES BOU-
TONNIERES.
　　Lorsque le cran sera posé, prenez celui des devants qui doit porter les boutonnieres, coupez un morceau de bougran (*) qui puisse aller du haut en bas ;

(*) Le *Bougran* est fait de vieux draps de lit ou de vieille toile à voile gommés.

de

de ce devant, depuis l'épaulette, où vous lui donnerez quatre doigts de large, taillez-le en élargissant de façon qu'il se trouve passer à deux doigts de l'emmenchure, depuis laquelle vous l'étrecirez en douceur jusques vers le lieu de la sept ou huitieme boutonniere, d'où il doit continuer jusqu'au bas un peu plus large que ne sera la longueur des boutonnieres que vous devez faire; bâtissez-le en entier à l'envers de l'étoffe.

Espacez & marquez les boutonnieres. Pour cette opération, prenez une carte à jouer (elles ont communément deux pouces de large); posez-la sur sa largeur à un travers de doigt du bord & à deux doigts du haut du devant; marquez sur l'étoffe un point de craie au bout de ses deux carnes; ôtez la carte; blanchissez un fil, en le frottant de craie, vous l'appuyerez sur l'un des points blancs, & par une secousse que vous lui donnerez après l'avoir tendu, il marquera sur l'étoffe un trait blanc dont vous fixerez la longueur à l'autre bout par un coup de craie. Cette longueur qui désignera celle de la boutonniere, est communément entre deux pouces & deux pouces & demi pour le justaucorps, & un pouce & demi pour la veste; continuez cette manœuvre, transportant toujours la carte en descendant jusqu'à environ deux doigts du bas.

Nota. Qu'il se fait des boutonnieres plus pressées que celles dont on vient de donner la mesure; mais celle-ci est la plus usitée pour l'habit complet.

Quand toutes les boutonnieres seront ainsi marquées, vous les travaillerez en faisant d'abord deux points coulés, un de chaque côté de la trace de craie; vous fendrez ensuite celles que vous destinez à être boutonnées en devant aux deux tiers de leur longueur: le reste de la construction est expliqué Chap. 6, & dessiné au bas de la Planche 5.

Nota. Que les boutonnieres de fil d'or & d'argent ne se fendent qu'après qu'elles sont achevées.

Une boutonniere, pour être bien faite, doit être un peu relevée, saillante & égale par-tout. Pour la rendre telle, vous commencerez par repousser avec l'ongle les endroits que l'aiguille en cousant aura trop applatis; vous la releverez encore, s'il le faut, en la pressant entre vos dents; mais alors on doit leur interposer un petit morceau de quelque étoffe de soie, de peur que les dents seules y fassent trop d'impression; ensuite vous ferez chauffer modérément le carreau & la craquette, & posant la boutonniere à l'endroit le long d'une de ses rainures, vous ferez couler la pointe du carreau à l'envers le long de cette rainure. Cette derniere façon relevera les petites inflections, & corrigera les défauts des points qui se seroient dérangés. Enfin, & pour mettre la derniere main à cette opération, étendez le patira, posez dessus le devant, que vous venez de garnir de boutonnieres, l'envers de votre côté; vous y passerez légérement le carreau; c'est une espece de repassage qui déchiffonnera votre étoffe sans applatir les boutonnieres.

Quand tout ceci sera terminé, vous taillerez un second morceau de bougran pareil au haut du premier; car celui-ci ne doit descendre qu'à la sept ou huitieme boutonniere ; vous le couferez au premier ; vous ajouterez un droit-fil qui aille du haut en bas ; coufez le tout à furjet, prenant toujours le droit-fil tout le long des bords du bougran, obfervant de froncer le bord antérieur à l'endroit de la poitrine, pour faire prendre à l'habit le contour & arrondiffement qu'il doit avoir en cet endroit.

Boutons. Prenez votre autre devant, qui eft le côté droit, auquel les boutons doivent être attachés ; placez les bougrans & le droit-fil comme à celui des boutonnieres ci-deffus ; puis joignez par un bâtis les deux devants enfemble, obfervant que chaque point du bâtis perce le devant du côté des boutons vis-à-vis de chaque boutonniere, afin que quand vous le couperez enfuite de place en place, il refte des bouts de fil qui vous indiquent le lieu des boutons.

Les Pattes. Fendez l'ouverture des poches, dont vous avez ci-devant marqué la place avec de la craie fuivant votre mefure ; marquez au-deffous de cette ouverture une ligne courbe *BB, Pl. 5, Fig. A* ; puis doublez les pattes, c'eft-à-dire, coufez leur doublure : on fuppofe que vous y ayez fait les boutonnieres au nombre de cinq à chacune *E, Pl. 5* ; attachez-les le long de leur ouverture, les y coufant d'abord à l'envers avec du fil à point devant, puis par l'endroit avec le point de rentraiture ; pofez la couture fur le paffe-carreau, & preffez au carreau à l'envers. *Ancifez*, c'eft le terme de l'art, c'eft-à-dire, tailladez l'étoffe du deffus en petites lanieres paralleles, que vous arrêterez toutes à la ligne courbe dont on vient de parler, & ne la paffant point ; pliez toutes ces lanieres en dedans fur l'envers.

Les Poches. Prenez la poche ; elle fe fait d'un morceau de toile forte coupée en quarré long, qui redoublé & coufu par les deux côtés devient un petit fac quarré ; prenez donc la toile qui doit faire la poche ; tailladez un de fes bouts en lanieres, pareilles à celles que vous venez de faire à l'étoffe du deffus en portion de cercle ; prenez enfuite un morceau de doublure que vous couferez à l'autre bout de la poche d'une part, & d'autre part à la couture même de la patte, avec le point à rabattre. Les Tailleurs nomment ce morceau de doublure le *parement de poche* ; il ne s'agit plus que de coudre les deux côtés de votre poche pour la fermer ; enfuite vous ferez une bride aux deux côtés de chaque patte vers le haut.

Affemblerles derrieres. Après que les boutonnieres ont été preffées au carreau, & l'ouverture des derrieres ayant eu fes plis, affemblez les deux derrieres, d'abord à l'envers avec du fil, à arriere-point, puis à l'endroit par-deffus l'arriere point avec le point de rentraiture, c'eft ce qui fait la couture du dos. On la commence par le bas, c'eft-à-dire, au haut de l'ouverture de derriere, & on met un droit-fil en travers pour fortifier.

La Doublure. Il s'agit maintenant de la doublure qui a dû être taillée piece à piece ; elle doit toujours être un peu plus ample que l'étoffe du deffus ; mettez-la en place, & la bâtiffez à grands points ; mais avant de doubler les devants, attachez au bougran vis-à-vis le haut de la poitrine & vers les clavicules, un petit plaſtron d'ouate. Il ſe trouve preſque toujours un enfoncement en cet endroit; ce plaſtron eſt deſtiné à le remplir : on ſe ſert auſſi de cet expédient aux endroits où les défauts de conformation l'exigent ; c'eſt ce que les Tailleurs nomment *la garniture* ; on y ajoute quelquefois du crin, *Voy. le Chap.* 7. On ne travaille à poſer la doublure que lorſque les poches ont été attachées & les derrieres aſſemblés ; vous la replirez en dedans de deux doigts le long de l'ouverture de derriere ; faites un pareil repli au devant qui porte les boutonnieres, depuis la patte juſqu'en bas, & à celui des boutons du haut en bas ; vous ferez à tous ces replis un ſecond bâti qui prenne le bougran & la doublure ; après quoi vous renverſerez la doublure pour coudre, & la rabattrez ſur le bord de l'étoffe avec de la ſoie.

Nota. Qu'on a mis pendant quelque tems de la toile de crin entre la doublure & la baſque du juſtaucorps, pour la maintenir bien tendue, ce qu'on nommoit *un panier* : quelques-uns veulent encore un demi-panier qui ne deſcend que juſqu'à la moitié de la baſque. Comme la doublure aux manches & parements ne s'y met que quand ils ſont prêts à la recevoir, on l'expliquera ci-deſſous en parlant de ces pieces.

Avant de coudre les derrieres aux devants, commencez par les attacher l'un à l'autre avec trois épingles que vous placerez aux endroits où vous avez pris ci-devant la meſure ; puis préſentant votre meſure au droit de chaque épingle, vous examinerez ſi elle s'y trouve juſte, pour replier le deſſus de l'étoffe en cas de beſoin ; car il eſt à ſuppoſer que vous en avez plutôt laiſſé de ſurplus que de l'avoir taillé trop juſte. Toutes ces précautions priſes, couſez depuis l'aiſſelle, autrement l'emmanchure, juſqu'à l'endroit où commencent les plis de côté ; couſez enſuite l'épaulete, puis le bord de col : ces coutures ſe travaillent comme celles du dos ; preſſez-les au carreau. *Monter.*

On a déja dit que le bord de col eſt une bande étroite d'un pouce ou environ, que l'on prend dans les recoupes de l'étoffe ; il faut la tailler aſſez longue pour *Le bord de col.* qu'elle faſſe le tour du haut du juſtaucorps, & en diminuant un peu par les deux bouts ; couſez un côté de ce bord de col au juſtaucorps avec le point lacé ; ployez-le enſuite par la moitié ſur ſa longueur, pour y renfermer un droit-fil ; couſez le tout avec le point-devant.

Formez tous vos plis de côté, tant des devants *A,* que des derrieres *B, Pl.* 5, quatre plis devant, deux plis & demi-pli derriere ; pour le devant, pliez d'abord 1, relevez 2, pliez 3, relevez 4 ; pour le derriere, pliez 1, relevez 2, pliez 3, ce dernier ſe trouvera recouvert par le 4 du devant ; arrêtez enſemble les dos des plis en haut & en bas, en bas avec un ou deux points, en haut avec pluſieurs points d'un gros fil en double.

Formez vos manches, en joignant enſemble les deux quartiers de chacune *Les manches & parements* par différents points de couture, la couture de devant à arriere-point, par-deſſus lequel fera fait le point de rentraiture, & celle de deſſous le bras à point lacé ; couſez de la même maniere les deux quartiers de parement ; joignez le parement à la manche par un ſurjet ; preſſez les coutures au carreau à l'envers ſur le paſſe-carreau que vous ferez entrer dans la manche.

Pour mettre la doublure aux manches après l'avoir couſue à part, elle a la figure d'un long ſac ouvert par les deux bouts, la manche & le parement, comme il vient d'être dit, ſont à l'envers ; on poſe la doublure à plat ſur la manche aux coutures de laquelle on la fauxfile, ce qui forme alors comme deux tuyaux l'un ſur l'autre ; alors paſſant ſa main les doigts étendus dans le conduit de la doublure, on les ſort à l'autre bout ; & en ſaiſiſſant le deſſus de la manche & le tirant à ſoi dans le même temps qu'on le pouſſe de l'autre main, il s'étend par-deſſus la doublure & la renferme.

Faites les boutonnieres au parement au nombre de cinq ; attachez y autant de boutons ; bâtiſſez enſuite à grands points ſa doublure à l'étoffe du deſſus ; couſez chaque manche à ſon emmanchure à arriere-point, & par-deſſus le point de rentraiture ; preſſez au carreau toutes ces coutures.

Il faut quatre douzaines de boutons pour un Juſtaucorps.

VESTE ET CULOTTE.

La Veſte.

Pour la Veſte, on ſuit entiérement le procédé qui vient d'être expliqué pour le Juſtaucorps, avec cette différence qu'on ne met point aux devants de double bougran, que le ſeul qu'on met ne monte pas juſqu'à l'épaulette, & qu'il ne ſe fait pas de renflement ſur la poitrine ; d'ailleurs on a de moins les parements &

Comment on taille les Défauts, & comment on les finit.

les plis, & en étoffe étroite les manches & le dos, qu'on nomme *les défauts*, qu'on remplit par une étoffe de moindre valeur. *Voy. Chap.* 8, *au titre de l'Habit complet en velours*, &c. Ces défauts ſe taillent & s'achevent comme au Juſtaucorps.

La Culotte.

Pour faire la Culotte, commencez par parementer, (*Voy. Art. de la Redingotte, ci-devant,*) les ouvertures d'en-bas, côté des boutonnieres *u*, c'eſt-à-dire, du côté des genoux, ainſi que le haut des poches en travers *s*, *Pl.* 5, *Fig. d*, dont l'ouverture doit couler tout le long de la ceinture ; faites tout de ſuite les boutonnieres *x*, au nombre de cinq.

Aſſemblez & couſez les deux devants aux deux derrieres, tant en dedans, c'eſt-à-dire, entre les cuiſſes, qu'en dehors aux côtés : la couture des côtés commencera au deſſus de l'ouverture du bas des cuiſſes, & ceſſera pour celle de la poche en long *y*, qui doit avoir ſept pouces. La couture ſe fait, ſi c'eſt du drap, à point lacé ; mais aux étoffes de ſoie, vous ferez d'abord à l'envers un arriere-point, que vous rabattrez en dehors à point perdu. Faites de même la couture de l'entre-jambe, qui joint les deux derrieres, elle doit auſſi laiſſer en haut par derriere une ouverture de trois pouces, à laquelle les deux bouts de la ceinture doivent ſe terminer, & une autre par devant, dont on parlera

ci-deſſous,

ci-deſſous, attendu qu'on ne la réſerve pas toujours.

Ajoutez un droit fil à chaque portion de la ceinture, par-deſſus lequel vous en remploierez le bord ſupérieur; couſez la ceinture à la culotte à point lacé & à rabattre par-deſſus, & à meſure que vous en coudrez chaque moitié, vous ferez faire quelques plis au haut de la culotte, qui ſeront rabattus ſur la ceinture; ſi elle eſt de drap, vous preſſerez les coutures au carreau; mais aux étoffes de ſoie, vous rabattrez la couture ſur la ceinture à point devant, & vous n'y paſſerez pas le carreau.

L'ouverture du devant d'une culotte a deux manieres de ſe fermer, l'une par une petite patte qu'on ajoute à gauche de l'ouverture, on lui fait deux bouton-nieres, & elle ſe ferme par deux boutons; l'autre maniere qui ſe nomme *un pont* ou *une bavaroiſe*, tient lieu de fermeture ſans y ajouter de patte. La voici.

En taillant la culotte, vous donnerez à chaque devant un coup de ciſeau ſur le devant de la cuiſſe du haut en bas, pour fendre cet endroit d'environ quatre pouces de long, & éloigné de trois pouces du milieu de la culotte, autrement de l'entre-jambe; montez votre culotte à l'ordinaire; mais en faiſant la couture qui aſſemble les deux derrieres paſſant entre les cuiſſes, ne ménagez point d'ou-verture par-devant, & couſez juſqu'en haut, ce qui vous donnera une piece de ſix pouces de large terminée par les deux coups de ciſeau ſuſdits, ayant la coutu-re dont on vient de parler, à ſon milieu: cette piece tient toujours à la culotte par le bas des inciſions, & c'eſt elle qui ſe nomme *le pont*: l'eſpace qu'elle abandonne forme un vuide qu'il faudra remplir par deux morceaux de votre étoffe, qui laiſſeront entre-eux une ouverture comme à la culotte ordinaire, à laquelle cependant vous n'ajouterez point de patte; vous couſerez ces deux morceaux à arriere-point, au côté de chaque devant que la piece du pont vient de quitter; couſez à l'envers à chaque côté de cette piece du pont, depuis l'en-droit où elle tient à la culotte juſqu'au haut, une petite patte pour fortifier ces côtés, & une petite ceinture en haut qui aille d'une patte à l'autre: on la nomme *la troiſieme ceinture*; cette troiſieme ceinture doit avoir une boutonniere en biais à chaque bout, & un bouton attaché à la vraie ceinture de part & d'autre pour fermer le pont.

Attachez la vraie ceinture, à la culotte comme ci-deſſus, &c.

Les poches d'une culotte ſont au nombre de quatre, & deux autres petites, qu'on nomme *gouſſets*. On peut faire ces poches & gouſſets de telle étoffe qu'on voudra; mais elles ſe font plus communément de peau blanche de mou-ton; alors c'eſt les Peauſſiers qui les vendent aux Tailleurs, en morceaux tous taillés ſans être couſus & formés en poches.

Les poches s'attachent avant les boutons & la doublure.

On double les culottes de peau de mouton chamoiſée, de futaine, de toile, &c. On taille la doublure piece à piece, & on la traite comme toutes les autres

A patte.

A pont.

doublures ci-deffus , c'eft-à-dire , qu'on fuit le même procédé qu'à celle de l'habit.

Attachez les jarretieres & boucles au bas de la culotte en *Z* , attachez auffi un bout de jarretiere d'une part & une boucle de l'autre , par derriere , aux deux moitiés de ceinture , pour ferrer plus ou moins la culotte.

La culotte ordinaire a feize boutonnieres & autant de boutons ; favoir, deux boutons de juftaucorps & deux boutonnieres à la ceinture par-devant , dix petits boutons de vefte , cinq à chaque bas de culotte , deux à la patte de devant , deux aux poches en travers , un à chacune ; la culotte à pont a deux boutons & boutonnieres de plus , les boutonnieres font à la troifieme ceinture & les boutons à la vraie ceinture.

Quand les culottes font taillées , on les donne communément à coudre & à achever à des femmes , que pour cette raifon on appelle *Ouvrieres en culotte* ou *Culottieres*.

Il faut quatre douzaines de boutons de vefte , pour vefte & culotte : ces boutons font ordinairement de moitié plus petits que ceux du juftaucorps.

CHAPITRE X.

Des ornements & modes de l'Habit complet François.

On eft auffi bien couvert & préfervé de l'air avec un habit fimple & uni , qu'avec celui qui fera chamarré d'or & d'argent ; cependant plus ou moins d'ornement n'y font pas inutiles lorfqu'ils fervent à diftinguer les états & conditions. Le galon d'or & d'argent eft celui qu'on employe le plus communément ; on le diftribue de diverfes manieres ; les plus ordinaires font un fimple bordé , ou bien un bordé & un galon , ce qu'on appelle *à la Bourgogne*.

Pour galonner un juftaucorps , taille ordinaire , d'un fimple bord plus ou moins large , mettant deux galons aux parements , il entre neuf aunes de galon ; pour la vefte , cinq aunes : on ne met pas de galon à la culotte.

Pour galonner un juftaucorps à la Bourgogne , c'eft-à-dire , avec bordé & galon , il faut fix aunes & demie de bordé & onze aunes de grand galon ; pour la vefte , trois aunes & demie de bordé & quatre aunes de grand galon ; & fi on vouloit du galon fur toutes les coutures ou tailles du juftaucorps , il faudra quatre aunes & demie de grand galon de plus. On met alors trois galons aux plis , favoir un le long du dos du dernier pli du devant , un au dernier pli du derriere ; c'eft ce qui s'appelle *les quilles* ; le troifieme eft toujours un morceau du bordé qui fe met au milieu le long du demi-pli , auquel on donne la forme d'une patte chantournée en long.

On ne parlera point ici de l'aunage des galons de livrée ; il n'y a aucune régle à cet égard, il fe trouve des livrées toutes chargées de galon, d'autres qui n'ont qu'un fimple bordé, &c.

Les autres ornemens inférieurs à ces premiers, font les boutons d'argent, d'or, feuls ou avec les boutonnieres de même; du galon en boutonnieres, brandebourgs, boutonnieres de treffe avec ou fans franges, boutons en olive, ganfés, &c.

Les beaux habits font les habits brodés, d'étoffe de foie, à fleurs d'or, d'argent, d'étoffe d'or, &c.

Il y a déja long-temps qu'on n'a rien changé à l'effentiel de l'habit complet François; les modes s'exercent feulement fur les acceffoires, comme fur les boutons, les paremens, les pattes, la taille, les plis, &c. Les boutons gros, petits, plats, élevés; les paremens ouverts, fermés, en bottes, en amadis, hauts, bas, amples, étroits; les pattes en long, en travers, en biais, droites, contournées; la taille haute, baffe; les bafques longues, courtes, plus ou moins de plis, &c. &c. La mode d'attacher des jarretieres à la culotte pour la ferrer fous le genou, n'eft pas ancienne, précédemment on rouloit les bas avec la culotte fur le genou.

CHAPITRE XI.

Quelques détails dans la monture des Vêtemens, décrits au Chapitre huitieme.

CE dernier Chapitre eft deftiné à donner quelques particularités qui fe rencontrent dans la monture des vêtemens, dont on a donné la coupe ci-devant au Chapitre huitieme, à la fuite de celle de l'habit complet, attendu qu'il s'y rencontre diverfes pratiques qui peuvent devenir utiles pour l'éclairciffement de cet Art, dans les cas où l'on en auroit befoin.

On n'a rien de particulier à obferver à l'égard du Surtout, du Volant, de la Soutanelle, de la Fraque & du Vefton; ce font des efpeces de Juftaucorps.

La Redingotte a un collet comme le Surtout; on pliffe tout le derriere au bas de ce collet, en commençant les plis à un pouce du haut de l'épaulette de chaque côté; & pour cacher ces plis, on coud par-deffus une rotonne, efpece de collet large qui tombe fur le dos.

Les manches fe font toujours en botte, chacune garnie de trois boutons & boutonnieres; on les double de toile. Les devants, jufqu'à la ceinture, fe doublent avec une bande de la même étoffe ou autre plus ou moins large.

On ouvre des pattes en long aux côtés, prifes dans les devants, avec trois boutons; on y ajoute quelquefois des poches.

L'ouverture de derriere ne doit monter qu'à la moitié de celle du juftaucorps.

Le Manteau fe monte en coufant les deux moitiés d'un côté feulement;

cette couture fera celle du dos ; on la ceffe pour laiffer par derrière une ouverture pareille à celle du précédent.

On pliffe le tour du col, & par-deffus on met comme à la Redingotte le collet ou rotonne : on ne met point de doublure au manteau ; mais on ajoute en dedans, tout le long du devant, une bande de la même étoffe.

On n'y met point de boutons, mais feulemen t une groffe agraffe pour le fermer en haut.

La Roquelaure. Elle fe monte comme le manteau ; mais on y met quelques boutons en haut.

Le Manteau court d'Abbé. On le coud à l'envers à fon collet fans le pliffer, jufqu'à ce qu'on foit arrivé à l'échancrure dudit collet ; alors on le pliffe autour de cette échancrure ; on borde les deux côtés par-dehors avec un large ruban de foie noire qu'on retourne d'équerre par le bas, jufqu'à la pliffure fans aller plus loin.

On ne double point ce manteau.

Pour le faire tenir dans fa place, on coud tout le long de l'échancrure du collet en deffous, une jarretiere qu'on boucle par-devant ; ou bien on coupe deux jarretieres pour fe fervir de la boutonniere de chacune ; on en coud les bouts coupés à l'échancrure de part & d'autre ; on place un bouton fur le haut de chaque épaulette de l'habit auquel on boutonne les demi-jarretieres.

Ce manteau & le fuivant ne couvrent que le dos.

Le Manteau long d'Eccléfiaftique fe monte en tout comme le manteau court.

La Soutanne fe monte comme le juftaucorps, excepté qu'aux endroits où on met du bougran au juftaucorps, on ne fe fert que de treillis noir d'Allemagne, ou de toile noire.

On laiffe en coufant les derrieres aux devants une ouverture de chaque côté, vers les hanches, de fix pouces de long, au-deffus de laquelle on attache une ganfe dont le bout fupérieur s'arrête fous le bras vers l'aiffelle ; cette ganfe eft deftinée à foutenir un ruban de foie noire, large de quatre doigts, qui fert de ceinture, & dont les deux bouts tombent de côté jufqu'au bas de la Soutanne.

On la boutonne du haut en bas avec fix douzaines de très-petits boutons.

La Robe de Palais fe monte en commençant par joindre les devants aux derrieres, & afin qu'à l'épaulette le derriere fe trouve égal au devant, on le pliffe jufqu'à ce qu'il foit devenu de même largeur ; on attache enfuite une laniere de l'étoffe à l'envers du devant ; on retourne cette bande fous les plis coufus aufquels on la coud, & on la rabat ; on pourfuit enfuite la jonction jufqu'en bas, laiffant en chemin une ouverture vers la hanche pour paffer la main ; on rabat cette couture.

La manche fe traite à part ; elle eft formée par trois largeurs de lez coufus enfemble ; on pliffe les deux qui font le dehors ; le troifieme qui eft le deffous, ne fe pliffe pas. Pour faire cette efpece de pliffure dont les plis doivent être

égaux,

égaux, proprement arrangés côte à côte, & profonds de deux lignes, on commence par coudre à l'envers, tout le long de ce qui sera plissé, une bande de gros drap noir ou des lanieres de l'étoffe même ; puis prenant trois fortes aiguilles, chacune enfilée d'un gros fil noir, on les enfoncera à distance égale l'une de l'autre au travers des plis à mesure qu'on les forme, faisant de tems en tems un nœud à chaque aiguillée ; on poursuit de cette maniere jusqu'au dernier pli, le accolant toujours l'un contre l'autre, ce qui fait une espece d'ornement à l'épaule ; on coud ensuite par l'envers cette manche à l'emmenchure ; puis on la rabat, on attache le bord de col.

Au bas de la robe, on fait un rempli en dedans, que l'on bâtit à point tiré ; puis on rabat cette bordure par-dessus ; on ôte le bâtis.

On coud dans la quarrure du derriere deux lisieres en travers, à quatre pouces l'une de l'autre ; chaque bout de celle d'en-haut s'attache sur la couture des manches près de celle des épaulettes ; & celle de dessous où les plis des manches finissent.

Il faut à la robe de Palais six douzaines de boutons très-petits comme à la Soutanne ci-dessus.

La Robe de chambre, celle qui est à *manches rapportées*, se traite & se monte comme la soutanne ; on lui met un colet avec un bouton & une boutonniere ; & lorsqu'on met des boutons par-devant, ils ne vont que jusqu'à la ceinture ; on ajoute aux manches un petit parement.

Celle qui est *en chemise* se monte comme la précédente : quant aux manches, on y ajoute ce qu'il faut d'étoffe pour terminer leurs longueurs ; on la coud à point arriere ; on place les goussets.

LES CULOTTES DE PEAU

On a dit dans l'Avant-Propos les raisons qui ont déterminé à ajouter ici la fa-çon des Culottes de peau; on y renvoye le Lecteur.

Le Tailleur des culottes de peau (qui est du corps des Boursiers), s'y prend à peu-près de la même maniere pour la taille, que celui d'habits d'homme. Les différences se trouvent 1°. sur la matiere qu'il employe; car il ne travaille que sur des peaux chamoisées de bouc, de chamois, de daim, d'ânon, de mouton, de cerf, d'élan, de renne, &c; 2°. à l'égard des coutures, dont il fait plusieurs à la façon du Cordonnier, avec la soie de sanglier, l'alêne & le tirepied: tous ses ins-truments, outre ceux qu'on vient de nommer, consistent en fil, aiguilles, dé à coudre, une buisse *A*, un petit maillet, & un lissoir *B*, *Pl.* 12.

Il prend la mesure comme le Tailleur ci-dessus.

Quand la peau est assez grande, il fait la culotte d'une seule peau, & de deux quand elles sont trop petites: on a pris ici pour exemple une peau entiere; les meilleures sont de daim.

Prenez une peau entiere; pliez-la du sens de sa longueur, non par la moitié, mais au tiers de sa largeur, la fleur en dehors; pliez-la encore en deux de l'au-tre sens, c'est-à-dire, sur sa largeur, pour vous en indiquer le milieu; dépliez ce second pli sur la ligne duquel vous fendrez le dessus jusqu'au premier pli en-long, ce qui vous donnera une coupure d'environ six pouces; prenez les deux bouts de toute la peau, & les amenez de votre côté, jusqu'à ce que le commen-cement de la fente susdite se soit ouvert de trois pouces, ce qui formera un vui-de à angle aigu.

Taillez suivant votre mesure une des cuisses par dehors *I*, c'est-à-dire, du cô-té où la peau est séparée en deux, observant de laisser au bas de ladite cuisse une avance ou fausse patte *II*, longue de six pouces, pour l'usage qui sera expli-qué ci-après; on ne coupe rien au côté rendoublé *III* qui fait le dedans des cuis-ses: vous plierez ensuite une seconde fois par le milieu, rapportant la cuisse tail-lée sur l'autre, afin de les couper égales; remettez votre peau toute étendue; en-suite pour fixer la hauteur du fond de la culotte, vous prendrez votre mesure en papier, sur laquelle ayant trouvé celle qui marque la ceinture, vous plierez le papier en deux depuis cette marque, & vous le porterez ainsi plié, d'une part, à la pointe de la fente du milieu, & de l'autre, sur la peau qui doit faire votre fond de culotte, où vous ferez une marque, par laquelle vous passerez en tail-lant & arrondissant ledit fond.

Figure C.   Cela fait, mettez-vous à couper toutes les pieces dans ce qui vous reste de peau, savoir, la ceinture de la culotte en deux morceaux *bb*; les deux pattes des poches en travers de devant *dd*; les deux petites pattes *ee* desdites poches; les deux pattes des poches en long des côtés *ff*, & le foufflet *a*, comme aussi la patte de la fente du devant.

Les pieces qu'on vient de nommer font celles qui entrent dans une culotte fimplement ouverte du devant, qui se fermera avec une patte à deux ou trois boutonnieres, comme la plûpart des culottes ordinaires ; mais comme le grand mérite de celle-ci est de servir principalement aux personnes qui montent à cheval, à quoi elles font très-commodes, il s'en fait beaucoup à pont ou à la Bavaroife, ce qui en augmente encore la commodité & même l'utilité.

Cette espece de culotte exige quelques pieces de plus que la précédente : il s'agit de celles qui doivent faire le pont *mm* ; il se taille à la peau même de la culotte en devant, & y reste attaché. Pour cet effet, faites avec les cizeaux deux coupures defcendantes, en fendant la peau par-devant, depuis le haut de chaque cuisse jusqu'à trois pouces de long, chaque fente éloignée du milieu de trois pouces ou environ, ce qui fera un morceau pendant en dehors de six à fept pouces de large, qui découvre un vuide qu'il faudra remplir par la fuite. Les autres pieces qui doivent accompagner ce morceau font, une ceinture *p*, deux pattes *nn* au bout des fentes. Le triangle *l*, qu'on nomme *le cœur du pont*, qui remplit au-deffous du pont la premiere fente de la culotte qu'on a faite en la taillant ; les deux pieces *hh* qui rempliffent le vuide que le pont a laiffé, qui se nomment *les pieces du pont* : ainfi pour une culotte de peau à pont, il faut tailler feize pieces.

Toutes ces pieces étant coupées, il s'agit d'*apiécer*, c'est-à-dire, de coller avec de l'empois blanc des droit-fils, (*Voyez le Tailleur Chap.* IX.), fous le lieu des boutons & boutonnieres des cuiffes, & fous les ceintures de la culotte & du pont ; comme aussi de coller de la même façon des morceaux de peau aux endroits foibles & minces, pour les raffermir, le tout en dedans : ces peaux feront coufues par la fuite.

Faites les boutonnieres ; enfuite vous pouvez enjoliver fi vous voulez, c'est-à-dire, fi on vous le demande. *Enjoliver* n'est qu'un ornement de mode, qu'on ajoutoit ci-devant à ces culottes, plus qu'on ne fait à préfent : voici ce que c'est ; on marque principalement fur les côtés extérieurs des cuiffes, vers le bas, quelques deffeins de fleurs ou autres ornements, dont enfuite on remplit les traces par des rangées de points plats en fil blanc, coufues à fleur de peau.

Il ne vous reste plus qu'à monter, c'est-à-dire, à affembler toutes les pieces avec des coutures tant fimples que piquées : les coutures fimples font le point plat & l'arriere-point qui se font à l'aiguille avec le fil de Bretagne ; les coutures piquées font doubles, & s'exécutent à la façon du Cordonnier, avec l'alêne & foie de fanglier attachés aux deux bouts de chaque aiguillée, qui est de fil de Cologne, ciré avec cire blanche ; elles se travaillent fur la buiffe *A*, arrêtée fur la cuiffe gauche de l'ouvrier avec le tire-pied : la différence entre cette façon de coudre & celle du Cordonnier, est qu'à celle-ci, après que le trou de l'alêne eft fait, on paffe la foie droite la premiere, la gauche enfuite en-delà, & on tire droit fans obferver aucun détour.

Voyez pour un plus grand éclairciffement l'Art du Cordonnier, où ces coutures font décrites & très-détaillées : vous y connoîtrez aifément les différences de celles-ci aux fiennes.

La Buiffe A, eft un morceau de bois d'un pied de long, d'un pouce de haut par un bout, & de deux pouces par l'autre, arrondi d'un bout à l'autre fur la face fupérieure. L'Ouvrier la place le long de fa cuiffe gauche, le bout le plus bas de fon côté, & l'arrête en place avec fon tire-pied, ainfi que la peau qu'il veut coudre deffus.

Quand il a fait quelques coutures fimples, la buiffe lui fert à les applatir deffus à coups de fon petit maillet.

Les coutures piquées forment un petit rebord relevé des deux peaux qu'elles joignent enfemble ; pour unir ce rebord & le rendre bien égal par-tout, faites couler à plomb par-deffus le liffoir B, petit inftrument de bois dur de quatre à cinq pouces de long, dans l'épaiffeur d'un bout duquel eft une petite fente ou rainure qui ferre & égalife le haut du rebord.

Il y a des endroits dans la culotte où la couture piquée ne fe fait qu'à fleur de peau ; entourez de coutures à point plat, en effleurant le cuir, tous les morceaux que vous avez ci-devant collés en dedans de la culotte ; joignez les côtés de cuiffe par dehors, avec une couture piquée, prenant avec la couture le bas de la patte des poches en long ; doublez avec de la peau toutes les ceintures & pattes ; montez la ceinture de la culotte avec une couture piquée en dehors, pliffant en même tems le haut du derriere de la culotte, & prenant dans la même couture le bas de la patte des poches en travers ; même couture piquée pour la ceinture du pont : ces deux pattes & le cœur du pont l. Les deux piéces du pont nn, font les feules dont la couture piquée, qui les joint à la culotte par leurs côtés, fe fait en dedans.

Les coutures piquées à fleur de peau, font celles qui bordent le contour des pattes ; c'eft une efpece d'ornement.

Les pieces du pont hh, s'arrêtent en bas, au pont même en dedans, par une couture fimple à fleur de peau : mêmes coutures pour les doublures & les droit-fils.

La fauffe patte II, que vous avez réfervée au bas des cuiffes en taillant la culotte, fera garnie de cinq boutons ; vous en arrêterez le haut en dedans avec une fimple couture, & vous borderez de peau le côté des boutonnieres.

Les boutons de ces culottes font de bois recouverts de peau. Attachez tous les boutons, poches & gouffets, favoir, deux gros boutons au-devant de la ceinture ; deux autres moindres plus reculés, l'un à droite, l'autre à gauche, pour boutonner le pont ; cinq à chaque bas de cuiffe ; deux aux poches en long, deux aux poches en quarré, & deux gouffets, le tout de peau ; faites

quatre

quatre œillets à la ceinture par derriere, pour y paſſer une bande de peau, afin de ſerrer plus ou moins la culotte.

Aux peaux foibles, on ne pique que les côtés des cuiſſes ; & ſi la culotte eſt faite de deux peaux, on ne pique pareillement que la couture du fond qui joint les deux derrieres enſemble ; toutes les autres ſe font ſimples par dedans à point arriere.

Le Chamoiſeur fournit les peaux en jaune de chamois ; lorſqu'on veut qu'elles ayent d'autres couleurs, c'eſt au Peauſſier à qui il faut s'adreſſer: La couleur actuellement la plus uſitée, principalement pour les culottes bourgeoiſes ; c'eſt-à-dire pour imiter les culottes de drap, eſt le noir ; cette couleur ſe fait avec *une diſſolution de bois d'Inde, & par-deſſus de l'eau de rouille de fer.* Comme ces culottes, quand elles ſont neuves, copient parfaitement le drap, on ne leur fait aucune couture piquée, de peur qu'elles ne paroiſſent être de peau.

En général, la culotte de peau eſt d'un excellent uſer, & quand la peau eſt bien choiſie & bien conditionnée, on n'en voit, pour ainſi dire, pas la fin ; mais aucune n'eſt exempte, lorſqu'elle a été portée quelque tems, de s'engraiſſer & devenir glacée & luiſante, ce qui lui donne un œil mal-propre, qui n'eſt pas ſupportable ; il s'agiroit de trouver le moyen de remédier à cet inconvénient, ce ſeroit un ſervice à rendre au Public, & peut-être à ſoi-même.

LE TAILLEUR DE CORPS DE FEMMES ET ENFANTS.

On nomme *Corps*, un vêtement qui fe pofe immédiatement par-deſſus la chemiſe, & qui embraſſe feulement le tronc, depuis les épaules jufqu'aux hanches; c'eſt, pour ainſi dire, une cuiraſſe civile; car il ne doit pas plier, mais cependant avoir aſſez de liant pour fe prêter aux mouvements du corps qu'il renferme, fans altérer fa forme, & en même tems le foutenir & l'empêcher de contracter de mauvaiſes ſituations, principalement dans l'enfance, âge foible & délicat, dans lequel les reſſorts ne font pas encore parvenus au dégré de force qu'ils auront par la ſuite : il s'applique encore à un objet auſſi intéreſſant, celui de conſerver la beauté de la taille des femmes, agrément qu'il joint à tous ceux qu'elles ont en partage.

Le Maître Tailleur, qui a choiſi cette branche de ſon Art, fe nomme *Tailleur de Corps de robe & Corſets*; & quoique fa ſcience foit moins étendue pour le travail, que celle du Tailleur pour homme, il a cependant plus d'inſtruments, & une manutention plus détaillée & plus favante, attendu que cet Art exige beaucoup de précaution, d'adreſſe & de préciſion.

MATÉRIAUX.

Baleine : ce qui fe nomme ainſi, prenant le tout pour la partie, provient du plus énorme de tous les poiſſons connus, appellé *la grande Baleine*; ce poiſſon fe tient dans les mers du Nord, où on va le pêcher : les parties dont on fe fert ici font des lames dures, & cependant flexibles, attachées par des pellicules, l'une à côté de l'autre, le long des côtés de la machoire ſupérieure, qui pendent vers l'inférieure lorfque la baleine ouvre fa bouche, & qui fe replient comme un éventail dans un canal creuſé vers les bords de la machoire inférieure lorſqu'elle la ferme.

Bougran ou *Treillis* : toile de chanvre gommée & calendrée. On prend communément, pour faire le bougran, de vieille toile de draps ou voiles; quelquefois on en emploie de neuve; c'eſt pourquoi il n'a aucune largeur déterminée, & il eſt plus gros ou plus fin fuivant les toiles dont on s'eſt ſervi.

Canevas, eſt une toile forte, écrue de trois quarts de large.

Toile jaune de Cholet en Anjou : elle eſt de lin & de deux tiers de large.

Toile de Lyon blanche : elle fe fabrique à Laval dans le Maine; elle a trois quartsde large.

Lacet de treſſe de Soie.

Lacet à la Ducheſſe : eſpece de galon fil & foie d'un demi-pouce de large.

INSTRUMENTS.

Ciseaux de Tailleur.	Couteau à baleine *g*.	Poussoir *f*.	Planche 6.
Dé à coudre.	Poinçon *h*.	Marquoir *e*.	
Aiguilles.	Regle de bois.	Carreau de Tailleur.	

Le couteau à baleine est destiné à fendre la baleine, & à la réduire à la longueur & épaisseur nécessaire.

Le poinçon perce les trous pour les œillets.

La regle de bois sert à conduire le marquoir pour tirer les lignes droites qui indiquent les coutures.

Le poussoir sert à faire entrer la baleine entre deux coutures.

Nota. Que le poussoir & le marquoir sont souvent pris dans le même corps d'outil ; il ne s'agit que de fendre le haut du marquoir en deux pointes pour en faire un poussoir.

Des différents Ouvrages du Tailleur de Corps.

Indépendamment de toutes les especes de corps & corsets, dont on va faire l'énumération, le Tailleur de corps fait aussi plusieurs vêtements qui y ont rapport; il construit donc tous corps couverts, pleins & à demi-baleine, corps & corsets de toile ou de bazin sans baleine, des camisoles de nuit, des bas de robe de cour, de fausses robes pour les filles, des jaquettes pour les garçons, enfin tous les habillements d'enfants de fantaisie, comme habit de Hussard, de Matelot, &c.

Du Corps en général.

Il paroît par les anciens vitraux & autres figures, que l'on n'a commencé à porter des corps en France, que vers le quatorzieme siécle, ce qui pourroit bien être l'époque de leur invention.

On faisoit ci-devant les corps de dix piéces, en comptant les épaulettes pour deux piéces ; mais maintenant toute espece de corps ne se compose que de six pieces, en comptant de même les épaulettes ; ces six pieces sont deux devants *AA*, N°. 4, deux derrieres *BB*, & les deux épaulettes *CC*, & *h*, N°. 1, où Planche 12, on voit leurs coupes de *h* en *e*.

Il faut pour un corps, taille ordinaire, une aune de canevas, trois quarts de toile jaune, demi-aune de bougran, autant de doublure qui est toile de Lyon ou futaine, demi-livre de baleine, une aune & demie de petit lacet, & neuf à dix aunes de lacet à la Duchesse, quand le corps est ouvert. Un corps est donc composé de canevas ou de toile jaune, qui font le dessus, du bougran dessous, de la baleine entre deux, & enfin de la toile de Lyon ou futaine : on recouvre le dessus de telle étoffe qu'on veut ; il s'en fait auxquels la toile jaune, dont on se sert alors, ne se recouvre point.

Il fe fait de deux efpeces de corps, le corps fermé & le corps ouvert : le corps fermé eft celui dont les deux devants tiennent enfemble ; aux corps ouverts, ils font féparés : aux corps fermés, on ne met qu'un bufc en dedans ; on met aux corps ouverts, deux bufcs, un à chaque devant.

Le corps couvert, c'eft-à-dire, celui qu'on recouvre de quelque étoffe, peut être fermé ou ouvert, plein ou à demi-baleine ; il en eft de même du corps piqué, qui eft celui qu'on ne recouvre d'aucune étoffe, & dont la toile jaune fait le def-fus ; alors toutes les piquures ou coutures qui enferment les baleines, font apparen-tes, au lieu qu'elles font cachées au corps couvert.

Les bafques d'un corps font de grandes entailles que l'on fait aux bas des derrieres, pour la liberté des hanches.

N°. 2, *e e e*, les différentes directions des baleines qui s'obfervent dans un corps.

Le N°. 3, eft un corps à demi-baleine, autrement, *corfet baleiné.*

Le N°. 4, eft un corps vu en entier par l'envers.

La defcription qu'on va donner d'un corps couvert & enfuite d'un corps pi-qué, convient à tous les autres, de quelque efpece qu'ils foient, quoique de formes différentes.

LE TRAVAIL.

Prendre la Mefure.

La mefure fe prend avec une bande de papier à laquelle on fait des hoches, comme il eft dit du Tailleur d'habits ci-devant : on a marqué ici chaque mefure par des lignes doubles, *Pl. 12*, N°. 1.

a a, Mefure depuis le milieu du dos jufqu'au coin de l'emmanchure.

b, La quarrure du devant, depuis le haut du corps par-devant jufques con-tre le bras.

cc, La largeur depuis le milieu du haut du devant, jufqu'au milieu du haut du dos.

dd, La largeur du bas de la taille.

ee, La longueur de la taille, depuis le haut du dos jufques fur la hanche.

ff, La longueur du devant.

Le Corps couvert.

Le Tailleur doit avoir nombre de modeles ou patrons de papier, pris fur différentes groffeurs & grandeurs, pour le guider dans fon travail.

Choififfez dans vos patrons celui qui approche le plus de votre mefure ; pre-nez fuffifamment de bougran pour les pieces que vous allez conftruire ; mouil-lez-le légérement en fecouant deffus vos doigts, que vous aurez trempés dans l'eau ; pliez-le en double ; paffez-y le carreau chaud, dont l'effet fera d'unir & de coller les doubles enfemble ; pofez votre patron deffus ; paffez encore légé-rement

rement le carreau, & le papier fe colera de même fur le bougran; portez votre
mefure fur le tout, comme fi vous la preniez une feconde fois; & tracez en la
fuivant par-tout avec de la craie.

Vous taillerez enfuite le corps, obfervant de le couper de deux doigts plus
étroit par en bas que la mefure, parce que vous mettrez par la fuite un gouffet
c, N°. 2, ou élargiffure aux hanches, afin de leur donner du jeu, & empêcher
que le corps ne bleffe en cet endroit : cette élargiffure regagnera ce que
vous avez retranché fur la mefure, & elle eft d'autant plus néceffaire, que
les hanches des femmes font prefque toujours plus groffes que celles des
hommes.

Toutes les pieces de votre corps préparées, comme il vient d'être dit, déco-
lez-les, ce qui fe fait facilement, & fauxfilez chacune fur fon canevas ; après
quoi vous prendrez votre regle & le marquoir pour tracer à toutes les pieces fur
le bougran, des lignes en long, diftantes l'une de l'autre, pour un corps plein
de baleines, d'environ un quart de pouce, fuivant les différentes directions que
vous voyez, *aa*, N°. 3, & *ee* N°. 2.

Il s'agit maintenant de piquer toutes ces pieces, c'eft-à-dire, de faire une
couture, traverfant affez dru le long de chaque trace; c'eft ordinairement l'ouvrage des femmes, qui les coufent à arriere-point : par cette maniere tous les
intervalles, entre chaque deux coutures, deviennent les gaînes des baleines,
dont on garnira le corps.

Ces baleines doivent être travaillées, ajuftées & prêtes à embaleiner le corps :
pour cet effet, prenez le couteau à baleines, avec lequel vous les taillerez en
long & en large, & les amincirez plus ou moins, felon qu'il conviendra pour
les places que vous leur deftinez, obfervant qu'elles foient bien égales de
force dans les pieces correfpondantes, foit du devant ou du derriere, de
peur que le corps ne fe laiffe aller de travers; que vos baleines foient beaucoup plus fortes & épaiffes fur les reins que fur les côtés, comme auffi
plus fortes au milieu du devant, en aminciffant dans le haut devant & derriere.

Toutes vos baleines préparées, vous embaleinerez votre corps, faifant entrer
chacune entre deux rangs de piquage, la pouffant d'abord avec votre main tant
qu'il vous fera poffible, & enfuite vous fervant du pouffoir, pour achever de
l'enfoncer jufqu'au bout; vous commencerez par les fortes & épaiffes, enfuite
les minces & foibles, infenfiblement vous parviendrez à remplir chaque
piece.

Lorfque toutes les pieces du corps feront embaleinées, vous remployerez à
chacune le canevas fur le bougran, & vous l'y couferez bien ferme, gliffant
pour cet effet, votre aiguille entre le bougran & les baleines ; après quoi vous
couferez les deux devants enfemble ; vous les retournerez tout de fuite à l'envers N°. 4, pour placer & coudre en haut une baleine en travers, plus forte au

bout qu'au milieu, *a* N°. 5, & N°. 4 *a a*, depuis le devant d'un bras jusqu'au devant de l'autre.

Posez la bande d'œillets à chaque derriere *B* N°. 2, (cette bande d'œillets est une baleine plus forte que les autres) observant de laisser entre cette baleine & les autres, un espace suffisant pour y percer les œillets *g* avec le poinçon.

Assemblez le corps en joignant les derrieres *B* aux devants *A* N°. 2; attachez les épaulettes *a*, & les goussets *c*; percez les œillets *g*.

Repassez par l'envers, avec le carreau chaud, tout le corps, tant pour le rendre uni, que pour parvenir, les baleines étant chaudes, à lui donner la forme & la rondeur qu'il doit avoir.

Essaier le Corps.

Le Corps étant dans l'état où on vient de le laisser, le Tailleur doit l'essayer sur la personne pour laquelle il le construit; car de cet essai dépend la réussite de l'ouvrage : en conséquence il le met en place; alors il doit examiner avec une attention scrupuleuse toutes les parties de son corps, & voir l'effet qu'elles font, pour se mettre en état de remédier aux défauts dont il s'appercevra; il doit de plus interroger, & demander si on ne se sent pas gênée, faire bien expliquer en quel endroit, marquer avec de la craie où il y a quelque chose à faire, marquer aussi le lieu des palerons ou épaules, se trouvant des personnes qui les ont placés plus haut que d'autres : il fait cette observation de la hauteur des épaules, pour pouvoir après l'essai y remédier, c'est-à-dire, renforcer cet endroit s'il le juge nécessaire; il doit encore observer, sur-tout, si son corps est assez large, & enfin s'il a toute la grace qu'il peut avoir.

Ajuster le Corps.

Lorsque le corps est essayé, marquez les épaulettes, avant de les détacher du devant, pour pouvoir, lorsqu'il sera fini, les rattacher aux mêmes places.

Désassemblez le corps par les côtés, pour vous mettre tout de suite à corriger les défauts que vous avez remarqués.

Planche 12. Comme les goussets *c* N°. 2, n'avoient point de baleines lors de l'essai, vous y en mettrez; si le dessous des bras *b* est trop haut, vous le rognerez; vous en ferez autant, s'il le faut, par-devant ou par-derriere. Cette opération est ce que les Tailleurs appellent *donner le coup de ciseau*. Coupez un peu de la longueur des baleines par en haut, pour pouvoir les arrêter, afin qu'elles ne percent pas; vous mettrez aussi des bouts de baleines dans toutes les basques, *f* & N°. 3 *b*.

Dreſſer le Corps.

Dreſſez le corps N°. 4 par l'envers, c'eſt-à-dire, couſez à demeure, à point croiſé (ce point eſt expliqué dans l'Art de la Couturiere ci-après) la baleine que vous avez attachée avant l'eſſai; mettez-en une ſeconde *a* N°. 5; au même endroit, ſi vous le jugez à propos, mettez-en encore une ou deux *bb*, qui aillent juſques ſous les bras, & au-deſſous une ou deux *c*, qui ſoient courtes, pour ſoutenir le milieu; on les voit toutes en entier N°. 4; mettez des droits-fils aux endroits qui fatiguent davantage, comme en *d*, N°. 5, afin que le corps ne ſe déforme pas; bordez le haut du devant avec une petite bande de bougran fin.

Coupez en biais une bande de toile *e e e*, N°. 5, que vous couſerez tout autour des hanches, au-deſſus des baſques marquées *h*, pour marquer ce qui s'appelle *le défaut du Corps*, & le fortifier. Cette toile doit être taillée de façon que ſon fil ne ſoit en biais que ſur le haut des hanches, à l'endroit où ſe trouve chaque gouſſet *c* N°. 2, afin de pouvoir prêter, & leur laiſſer du jeu; mais ſur le devant, elle doit être à droit-fil, pour empêcher que le corps ne ſe lâche en cette partie.

Rempliſſez de papier l'eſpace en long, où les œillets étoient percés lors de l'eſſai, pour la rendre ferme; vous percerez enſuite les œillets au travers du papier; couſez une ou deux baleines de travers *ff*, N°. 5, qui aillent de l'épaulette aux palerons; vous les placerez de maniere qu'elles puiſſent ſervir à les contenir & les applatir le plus qu'il ſera poſſible; égaliſez les creux entre toutes les baleines de travers, dont on a parlé, avec du papier, ou pour plus de ſolidité, avec du bougran, obſervant de le bien étager, afin que l'épaiſſeur ſe perde inſenſiblement; garniſſez de même un eſpace *g g g g*, N°. 5 le long de la bande d'œillets, & vous couvrirez cette garniture d'un morceau de bougran que vous couſerez bien ferme, paſſant dans toutes les lignes entre les baleines; paſſez enſuite des points de fil autour du haut des derrieres, pour en ſerrer & affermir tous les bords.

Mouillez l'envers de vos pieces, pour les repaſſer avec le carreau bien chaud, afin de bien égaliſer tout l'ouvrage, prenant garde de brûler la baleine. Cette manœuvre, ſi elle eſt bien conduite, donnera à chaque piece la forme & la tournure qu'elle doit avoir.

Aſſembler & terminer le Corps.

Taillez l'étoffe qui doit faire la couverture du corps, ſoit toile ou autre étoffe; aſſemblez & couſez à demeure toutes les pieces; achevez les œillets du derriere; couſez à l'envers au milieu du devant une bande de toile du haut en bas, pour y placer le buſc; elle ſe nomme *la poche du buſc*; & par la même couture, vous pincerez le bas du corps pour lui donner de la grace: quand vous couferez les devants aux derrieres, prenez les bouts des droit-fils des hanches dans la couture; pofez & coufez la couverture du deffus; coupez & mettez la doublure; attachez les épaulettes.

Mettez deux agraffes par-devant, & autant par-derriere, qui ferviront à bufquer les jupons, c'eft-à-dire, à les tenir plus bas par-devant & par-derriere, que fur les côtés, afin de bien marquer la taille; mettez auffi des aiguillettes ou cordons fur les côtés, pour y attacher le jupon; pofez le bufc en fa place, & le corps eft achevé.

Le Corps ouvert.

La defcription qu'on vient de donner, eft celle d'un corps fermé par-devant, foit plein, foit à demi-baleine. Le corps ouvert par le devant fe conftruit de la même maniere, excepté qu'au lieu de coudre les deux devants enfemble, on met à chacun fa bande d'œillets N$_o$. 3, un rang d'œillets & un bufc : les deux rangs d'œillets fervent à lacer les deux devants enfemble, avec une ganfe ou avec un lacet à la Ducheffe, *Pl.* 14, *aa* N°. 12.

Le Corps piqué.

Le corps piqué plein, N°. 2, ou à demi-baleine, N°. 3, comme tous les autres ci-deffus, fe travaille à peu-près comme le corps couvert. Ces deux fortes de corps fe piquent, il eft vrai, de la même façon; mais au corps couvert les piquures ne font pas vifibles, attendu que le canevas les couvre en premier, & l'étoffe de la couverture enfuite; au lieu qu'au corps piqué, la piquure n'eft pas recouverte, ce qui exige quelque différence dans la façon; car à la place du canevas, qui au corps couvert fert de premiere couverture, on ne taille à celui-ci que la toile jaune qui doit feule le couvrir, & on la bâtit fur le bougran, obfervant de mettre un fort papier blanc entre deux, pour empêcher que la baleine, qui eft noire, ne paroiffe & ne fe diftingue au travers de l'étoffe du deffus, fur laquelle après avoir marqué les lignes des coutures, on les pique à point-arriere, comme à l'ordinaire, mais cependant le plus proprement & également qu'on peut. Il faut auffi, avant d'embaleiner, ratiffer les baleines plus rondes, afin que leurs carnes ne coupent pas le deffus, & en même temps que tout l'ouvrage paroiffe plus propre & plus fini.

On borde avec un ruban de foie tout le haut & le bas du corps; à l'égard du procédé, on fuit exactement pour le refte, celui qui eft détaillé ci-deffus pour le corps couvert, on l'effaye, on l'ajufte, &c.

Les différents Corps en ufage.

Après avoir expliqué ci-deffus la fabrique des Corps & Corfets, ou à demi-baleines, il ne refte plus, à cet égard, qu'à expofer toutes les efpeces qui font actuellement ufitées. La fimple infpection, jointe à l'explication des petites différences

rences qui s'y trouvent, fuffira pour les connoître ; c'eft pourquoi on renvoye le Lecteur à la Planche 13 ; tous les corps qui y font tracés, font vus de profil, c'eft-à-dire, par le côté.

N°. VI, eft un corps ouvert par les côtés, pour les femmes enceintes : ce corps n'a de différence, qu'en ce que le devant n'eft joint au derriere que par un lacet qui paffe dans deux rangs d'œillets *a b* ; la femme peut, par ce moyen, lâcher fon corps par les côtés lorfqu'elle s'y trouve trop ferrée : on ne coud qu'un petit efpace *c* fous l'aiffelle, de peur que le corps ne fe dérange & ne fe mette de travers.

N°. VII, eft un corps pour les Dames qui montent à cheval, foit pour chaffer ou autrement : il differe des autres en ce que le bas du devant eft fans grandes bafques, & arrondi depuis les petites bafques jufqu'à la pointe en *A*, de peur que le bas du corps ne les gêne, attendu qu'elles font naturellement pliées en avant fur leur felle ; de plus, le devant eft ordinairement lacé *B* jufques vers le tiers *C* : on le fait très-mince de baleines.

N°. VIII, eft un corps de Cour ou de grand habit, qui ne fert qu'aux Dames de la Cour lorfqu'elles vont chez le Roi, chez la Reine, &c. On y remarquera que l'épaulette eft couchée & dirigée en avant, parce que ce corps découvre les épaules ; il eft toujours accompagné d'un bas de robe particulier, dont il fera fait mention ci-deffous. Cet habillement qui eft affez ancien, s'eft toujours confervé à la Cour. On voit *Pl. 2*, *Fig. Z*, une Dame vêtue avec cet habit.

N°. IX, eft un corps de fille : il eft pointu & fans grandes bafques par-devant.

N°. X, eft un corps de garçon : il eft arrondi par le bas du devant, & n'a point de bafques de côté.

N°. XI, eft un corps de garçon à fa premiere culotte : il fe lace par-devant. L'épaulette eft au devant, au contraire de toutes les autres ; il y a à la hanche une petite bafque *a*, avec une boutonniere qui va rendre à un bouton, attaché à la ceinture de la culotte pour la foutenir.

Dans la *Pl. 3*, *Fig. A*, eft repréfentée une femme vue par-devant, avec un corps lacé d'un lacet à la Ducheffe ; & *Fig. B*, une femme vue par-derriere, ayant fon corps lacé du lacet ordinaire.

Le Corps à l'Angloife eft fermé du bas à cinq pouces ; puis ouvert jufqu'en haut, & lacé d'un petit lacet ou cordon infenfiblement jufqu'à un pouce d'ouverture en haut, arrêté par une mince baleine en travers, recouverte derriere la fin du petit lacet.

Autres parties d'Habillement.

ON a dit au commencement, en parlant des divers ouvrages du Tailleur de Corps, qu'il lui étoit attribué de faire encore quelques pieces de vêtements qu'on a nommées dans la Lifte qu'on en a donnée : on va les détailler ici, avec les éclairciffements néceffaires à leurs conftructions ; ils font repréfentés *Pl.* 14.

Nº. 17 , bas de robe de Cour.

Elle fe fait en étoffe étroite ; fa longueur , taille ordinaire , eſt de deux aunes & demie, & fa largeur de fix lez, d'une étoffe de fept fixiemes : on commence par coudre tous les lez enfemble ; on plie enfuite le tout en deux fur fa longueur , & on coupe en biais, comme on voit depuis 1 jufqu'à 3.

On ne double point le bas de robe , à moins qu'il ne foit en étoffe brochée , parce qu'alors on eſt obligé de cacher l'envers.

On pliffe tout le haut depuis 1 jufqu'à 2 : tous ces plis raffemblés forment une portion de cercle ; fur chaque moitié, on borde tous les plis , & on y coud quatre ou cinq agraffes de diftance en diftance de chaque côté , ce qui fait une dixaine d'agraffes, qui doivent s'accrocher à de la gance , qu'on aura coufue au bas du corps ; on place deux boutons au fecond lez de chaque côté , à quelque diftance l'un de l'autre , & une gance dèrriere chacun , à l'envers de l'étoffe ; on accompagne le bout de cette gance d'un gland , & lorfqu'on la bou-tonne, elle releve la portion d'étoffe qu'elle embraffe : la queue eſt traînante. *Voyez Planche* 2 *, Fig. Z.*

Nº. 13 , *Corfet blanc* fans baleine, & à deux bufcs.

Il fe fait communément de bazin ou de toile ; on le double toujours : *M,* les devants ; *N,* les derrieres ; *O,* les manches.

Pour le faire , après avoir coupé un modele en papier, jufte aux mefures prifes fur la perfonne, coupez la toile ou futaine qui doit fervir de doublure , appli-quez votre modele deffus , & l'y bâtiffez, & remployez exactement ladite dou-blure jufte à votre modele ; bâtiffez auffi les remplis, de peur qu'ils ne fe défaf-fent ; enfuite vous affemblerez toutes les pieces de votre corfet, & vous irez l'effayer fur la perfonne, comme on fait pour les corps, afin de rectifier enfuite les défauts, s'il y en a : cela fait, coupez des bandes de toile à droit-fil , que vous bâtirez fur la doublure en travers, après quoi vous les couferez très-drus ; ces droits-fils empêchent que le corfet ne fe déforme : enfuite , taillez le bazin ou la toile qui doit faire le deffus ; vous la bâtirez, le plus uniment qu'il fera poffible, fur la doublure ; vous en remployerez les bords exactement à l'égal de la dou-blure ; vous les couferez enfemble ; puis vous pafferez un fecond point tout au-tour, pour affermir l'ouvrage.

Il fe fait des corfets fermés par derriere ; à d'autres on y fait des œillets , & par devant on y fait des boutonnieres ou des œillets, ou bien, on y coud des rubans ; quant aux manches, ou on les coud, ou bien on y fait des œillets , tant aux man-ches, qu'à l'épaulette ; tous ces œillets , tant du devant que du derriere, font mar-qués *aaaa* : on paffe fur les côtés une aiguillette *c,* qui fert à attacher les ju-pons, & en *b* une agraffe de chaque côté pour le même ufage ; on met un bufc à chaque devant ; pour cet effet, on coud au bord des devants du corfet en de-dans un ruban de fil par ces deux bords ; c'eſt ce qu'on nomme *la poche du bufc* , au bas de laquelle on laiffe une petite ouverture , par laquelle on le fait entrer.

N°. 14. *Camisole.*

Elle se fait des mêmes étoffes que le corset ci-dessus, & se double de même : *P*, les devants ; *Q*, les derrieres ; *R*, les manches.

Les Camisoles se font comme les corsets ; toute la différence consiste en ce que ne servant ordinairement que pour la nuit, elles doivent être plus larges & plus aisées ; on les ferme communément par-derriere, & elles se nouent par devant avec des rubans de fil ou de soie.

Pour un *Corset* ou une *Camisole*, taille moyenne, il faut une aune & demie de bazin étroit, ou la moitié de bazin d'Orléans, c'est-à-dire trois quarts, les manches comprises.

N°. 15, *fausse Robe pour les filles.*

Elle se fait dans la largeur de sept lez, étoffe étroite ; on la fend par le milieu du derriere, au haut jusqu'en *a*, & par le côté pour fouiller dans les poches jusqu'en *b* ; on la plisse comme le bas de robe de Cour, N°. 17, & on la coud autour du bas du corps.

N°. 16, *Jaquette* ou *Fourreau pour les garçons.*

Il faut dix lez d'étoffe étroite pour faire une jaquette ou fourreau d'enfant ; on les assemble à part, deux pour chaque devant, & trois pour chaque derriere ; chacune de ces pieces se taille comme on voit dans les *Fig.* dudit N°. *a* est un devant ; *b* un derriere ; les lignes ponctuées sont les lez. Il ne s'agit plus que de plisser & monter la jaquette sur le corps exprimé *Pl.* 12 N°. 10 ; pour cet effet, cousez le premier pli du devant, qui doit occuper en haut toute la largeur du haut de la gorge, & être conduit en biais jusqu'à un pouce & demi de la pointe du corps ; continuez à coudre trois autres plis égaux & paralleles entre-eux : vous cesserez de coudre tous ces plis où le bas du corps cesse, & vous les laisserez vagues de-là au bas de la jaquette ; vous arrêterez ensemble sur la hanche deux plis, que vous laisserez également vagues jusqu'en bas ; vous ferez de même un large pli au derriere, sa plus grande largeur sera à l'épaulette ; vous cesserez de le coudre au haut de la basque de derriere ; puis vous ferez trois autres plis sur le corps, pareils aux précédents, observant les mêmes circonstances ; plus deux plis vagues de la hanche en bas ; le large pli de derriere couvrira par son bord postérieur les œillets du corps du haut en bas.

Vous couvrirez l'épaulette d'un morceau d'étoffe ; vous couserez les derrieres aux devants de chaque côté, laissant aux hanches une ouverture pour la poche, entre les quatre plis d'en-bas ; vous couserez aussi le bas des deux derrieres ensemble.

Pour ornement on galonne le grand pli du devant du haut en bas, tant sur le pli même que sur tout le devant, à compartiments de galons ; on borde le grand pli du dos tout autour jusqu'en bas ; on galonne de même les coutures des côtés, tout le bas de la jaquette, & tout le tour de la gorge ; on coud les manches *c* aux épaulettes.

L'ART DE LA COUTURIERE.

AVANT l'année 1675, comme il a été dit dans l'Avant-Propos, les Tailleurs faisoient généralement tous habits d'hommes & de femmes ; mais dans cette année Louis XIV jugea à propos de donner à des femmes, le droit d'habiller leur sexe ; & depuis ce temps, les Tailleurs ne s'en mêlent plus. Il créa donc un Corps de Maîtrise, sous le titre de *Maîtresses Couturieres* ; il leur donna des Statuts, qui sont en petit nombre : par ces Statuts, elles peuvent faire Robes-de-chambres (de femmes), Jupes, Justaucorps, (c'est ce qu'on nomme à présent *Juste*), Hongrelines, (on n'en fait plus), Camisoles, Corps de jupes & autres ouvrages pour femmes, filles & enfants de l'un & de l'autre sexe, jusqu'à l'âge de huit ans : & ne pourront faire aucun habit d'homme, ni bas de robe & corps de robe.

Nota. Les Tailleurs de Corps, ci-devant, ont seuls le droit de faire les Corps & bas de robe, & ils partagent avec les Couturieres celui d'habiller les enfants jusqu'à huit ans.

La Couturiere n'a aucun instrument particulier. Un dez, des aiguilles, du fil, de la soie, des cizeaux, & un fer à repasser, leur suffisent pour opérer.

La Mesure.

La Mesure se prend avec des bandes de papier, comme par les Tailleurs, en y faisant des hoches ; la suivante est celle de la robe & du jupon, qui est l'essentiel de la Couturiere, comme l'habit complet l'est du Tailleur d'habits.

Planche 14.

a, Largeur d'une agraffe à l'autre.
b, Colet.
c, Plis.
d, Remonture & entournure (*).
e, Devant.
f, Taille.
g, Compere (si on en veut un).
h, Manche.

i, Dos.
l, Grosseur du bas.
m, Devant du jupon,
n, Derriere du jupon.
o, Côté du jupon.
p, Biais de la robe (**).
q, Derriere sans la queue (***).
r, Devant jusqu'à terre.

(*) Par la *Remonture & Entournure*, on entend que les devants doivent être de quelques pouces plus longs que le derriere, afin que la remonture c'est-à-dire, ce que les Tailleurs appellent l'*épaulette*, puisse en enveloppant le dessus de l'épaule, se joindre à l'emmanchure ; ce qui se nomme alors l'*entournure*, laquelle étant en place, c'est-à-dire, jointe aux deux bouts du colet, le maintient au bas de la nuque du col.

(**) Le *biais de la robe*, est l'endroit où on place les pointes.

(***) *Sans la queue.* A l'égard de la queue, on la fait plus longue ou plus courte, suivant la volonté.

Aunage de la Robe & Jupon taille ordinaire.

La Couturiere n'emploie ordinairement que de l'étoffe étroite, c'est-à-dire, de demi-aune ou environ.

Pour la Robe.

Longueur, une aune un tiers.

Largeur du derriere, deux aunes ou quatre lez assemblés.

Largeur des deux devants, une aune ou deux lez.

Largeur des deux pointes, un quart, qui est demi-quart pour chacune.

Pour chacune des deux manches, un tiers en quarré.

Pour les deux rangs de chaque manchette, trois quarts d'étoffe sur sa longueur.

Pour le Jupon.

Longueur, deux tiers.

Largeur, deux aunes & demie, en cinq lez assemblés.

LE TRAVAIL DE LA COUTURIERE.

Comme la Robe & le Jupon, dont on vient de donner la mesure & l'aunage, sont les principaux objets du Travail de la Couturiere, on estime que cet Art sera suffisamment éclairci par le détail de leurs constructions, & en y ajoutant encore celles du Manteau-de-lit, & du Juste, à l'usage des femmes de la campagne.

La Robe.

Coupez de longueur, suivant votre mesure, tous les lez qui doivent composer votre robe, savoir, les quatre lez *AA* du derriere, *Fig.* 1, & les deux lez, Planche 15. un pour chaque devant, *B Fig.* 2; ceux-ci doivent être coupés un peu plus longs de quelques pouces, pour la remonture & entournure, expliqués ci-dessus: taillez les manches *o*, *Fig.* 6, & les manchettes *pp*, *fig.* 5; taillez de même toute la doublure.

Assemblez les lez du derriere, en les cousant l'un à l'autre; tout le derriere *AA* étant assemblé, pliez-le par la moitié sur sa largeur, & le dépliez tout de suite; il restera sur l'étoffe une légére impression de ce pli, qui vous indiquera où vous devez commencer à couper les pointes *c d*, qui se prennent à chaque dernier lez; vous taillerez ces pointes en montant & en biais, afin qu'elles ayent au bout *d*, un demi-quart de large.

Les pointes étant levées, vous taillerez les emmanchures *e*, & les tailles *f*, jusqu'aux hanches en suivant votre mesure; vous laisserez le surplus *g*, en son entier, pour les plis & le tour de la robe; vous taillerez de même les deux devants *B*.

On vient de voir que les pointes n'ont en longueur, que la moitié de celle de la robe; il faut ajouter, que l'on n'entend parler ici que d'une robe ronde & fans panier: car fi c'en étoit une deſtinée à être miſe par-deſſus un panier, ces pointes ne ſe trouveroient pas aſſez longues, pour aller juſqu'aux hanches; c'eſt pourquoi il faudroit les tailler à part dans un lez de ſurplus.

Glacez la doublure au-deſſus. *Glacer*, eſt faire un bâtis général à points longs, qui ſoient environ à deux pouces les uns des autres, pour attacher bien uniment la doublure au-deſſus; ce bâtis eſt à demeure.

Faites un rang de bâtis, par l'endroit, au haut & au bas du derriere de la robe, pour les fixer; vous ôterez ce bâtis, quand le collet & le bas ſeront achevés.

Formez les ſix plis du dos, eſpacés comme il eſt marqué *Fig.* 3, c'eſt-à-dire, un large au milieu de deux étroits: on voit en *h*, la moitié de la pliſſure du dos; couſez les pointes *c d c d*, le long du dernier des plis de côté juſqu'en bas; formez enſuite ces plis, au nombre de trois ou quatre, & les arrêtez aux hanches en *mm*, avec quelques points croiſés. Voy. cette eſpece de point, *Pl.* 5. N°. 8.

Formez le pli de chaque devant *qq*, *Fig.* 4, juſqu'au haut de la remonture, & les plis de côté *nn*, *fig.* 3, au nombre de deux ou trois que vous arrêterez comme les précédents; couſez le collet *x*, *Fig.* 3, qui doit avoir en dehors un doigt de large: il ſe fait toujours de l'étoffe du deſſus; redoublez-le & le couſez à l'envers.

Faites un arrêté, *Fig.* 3, ligne ponctuée, au travers des plis du dos, pour les maintenir en leurs places; car on ne coud jamais ces plis l'un à l'autre: cet arrêté ſe fait à l'envers, à points croiſés, à la diſtance d'un douze au-deſſous du collet.

Placez l'entournure, c'eſt-à-dire, couſez la remonture 3, *Fig.* 4, à l'emmenchure *l*, *fig.* 3. joignant le colet par-derriere.

Attachez la quarrure, qui eſt un morceau de toile ou de taffetas quarré long que l'on coud à l'envers, par-deſſus la doublure: cette quarrure occupe tout l'eſpace des plis du dos, depuis le collet juſqu'à la taille; on la fend enſuite, ſi l'on veut, par le milieu, depuis le bas vers le haut, & on y attache des rubans de fil ou des cordons, qui ſe nouent lorſqu'on veut ſe ſerrer.

Montez la robe, c'eſt-à-dire, couſez les deux devants au derriere, depuis l'emmenchure *l*, *Fig.* 3, juſqu'aux hanches *mm*, à point-arriere & devant, ce qui s'appelle *coudre les tailles*; laiſſez une ouverture de huit pouces, entre les plis de côté *nn*, pour la poche; puis vous reprendrez la couture, pour coudre les pointes au biais, c'eſt-à-dire, aux devants juſqu'en bas.

Nota. Que les plis de côté des robes rondes doivent être réunis au bas de l'ouverture de la poche, où commence la pointe en *c*; au contraire des plis du juſtaucorps d'homme, qui vont juſqu'au bas; mais qu'aux robes faites pour être ſur un panier, il ne ſe fait point de plis de côté; les pointes doivent monter jufqu'aux hanches, & l'ouverture de la poche, eft formée par le côté de la pointe & du devant.

Doublez les manches *oo*, *Fig. 6*; formez-les & les pliffez à point-devant, pour les coudre enfuite à l'emmenchure, & à l'entournure, à arriere-point; coufez les manchettes *pp*, *Fig. 5*, la plus étroite en deffus; faites un rempli autour du bas de la robe, ainfi qu'à chaque côté de l'ouverture des poches; coufez ces remplis; bordez tout le bas d'un padou de la couleur du deffus.

Nota. Que la plus grande difficulté qui fe rencontre, quand on a des étoffes à fleurs ou à compartiments, eft de les bien appareiller & affortir réguliérement, en ménageant fur l'étoffe le plus qu'il eft poffible; c'eft une affaire de génie & de talent.

Comme on porte à préfent les robes ouvertes par-devant, on couvre la poitrine par une piece ou échelle de rubans, ou par un *Compere*: le compere eft du diftrict de la Couturiere; la piece de rubans étant regardée comme garniture & ornement, eft de celui de la Marchande de modes.

Le compere, *Pl. 15*, eft compofé de deux devants, coupés l'un fur l'autre **LeCompere.** dans un quarré d'étoffe d'environ un tiers en tous fens, dont on taille un côté en biais; on le double; on fait le long du biais gauche un rang de boutonnieres, & un rang de petits boutons, à la piece droite; on coud chaque devant du compere fous chacun des devants de la robe, de façon que les côtés biais puiffent fe boutonner fur la poitrine, depuis la gorge jufqu'à la taille.

On appelle *Pet-en-l'air*, le haut d'une robe ordinaire, dont la longueur ne **Le** defcend qu'à un pied plus ou moins au-deffous de la taille, devant & derriere. **Pet-en-l'air.**

Le Jupon.

Après avoir coupé quarrément & de longueur les cinq lez du jupon, les avoir affemblés, doublés, & glacé la doublure; vous plifferez tout le haut, & vous le fermerez du haut en bas: il y a des jupons auxquels on ne laiffe que l'ouverture des poches de chaque côté; à d'autres, on en laiffe une troifieme par-derriere: aux premiers, on attache des bouts de cordons ou de rubans de fil à une des ouvertures de côté, pour ferrer le jupon; aux derniers, on met communément les cordons à la fente de derriere: toutes ces ouvertures fe bordent; on borde auffi tout le haut & le bas du jupon, avec un padou de la couleur de l'étoffe.

Le Manteau-de-lit.

Pour un manteau-de-lit taille ordinaire;

Longueur, une demi-aune.

Largueur, fuivant la mefure.

Longueur de la manche depuis le gouffet, un tiers.

Largeur de la manche, un quart, venant à un pouce & demi de plus, en élargiffant depuis le coude.

Le Manteau-de-lit se taille en un seul lez d'étoffe, quand elle est assez large ; sinon, on le fait en deux lez : il est composé de deux devants *rr*, *Fig.* 7, & d'un derriere même *fig.* (lignes ponctuées) ; on le décrit ici d'un seul lez. Il se fait ordinairement en chemise, c'est-à-dire, avec le commencement des manches, qu'on termine ensuite par deux pieces qui s'y ajoutent.

Etendez votre étoffe, & tout de suite, pliez-la en deux sur sa largeur, non pas exactement, mais qu'un des doubles dépasse l'autre, de trois pouces ou environ ; fendez en deux par le milieu *rr*, le double le plus long, en montant jusqu'au pli, où étant arrivé, vous fendrez ledit pli, à droite & à gauche, de quatre à cinq pouces ; puis retournant les ciseaux d'équerre, vous en donnerez un coup *a a*, dans l'étoffe de cette plus longue moitié, sans entamer l'autre ; celle-ci ainsi fendue, vous donnera la remonture des deux devants, comme il va être expliqué.

Faites un autre pli parallele au premier, qui égalise de longueur vos deux doubles d'étoffe ; alors les parties que vous venez d'entailler au double qui étoit le plus long, formeront deux petits quarrés *aa* saillants, qui auront trois pouces de haut sur quatre à cinq pouces de large ; ce sera les entournures des épaules, & ce second pli qui a détruit le premier, deviendra le dessus des manches. *Voyez* la *Fig.* 10 qui représente un des devants, avec sa remonture.

Formez à chaque devant, à l'endroit, un pli *a*, *Fig.* 11, qui le borde du haut en bas ; dégagez la gorge, par un pli en dedans *c* ; faites une fente au bas de l'origine des manches, pour y placer le gousset *m* ; taillez les côtés *aa*, *Fig.* 9, suivant la mesure ; laissez le reste *d*, *Fig.* 10, pour le pli *hh*, *Fig.* 8 & 9 ; on coupe en évasant jusqu'en bas, quand on ne veut pas de pli ; faites aussi un pli *g*, *Fig.* 8 à l'envers, au milieu du derriere, que vous ne couserez que jusqu'au bas de la taille ; la couture doit en être au milieu du dos : on voit *Fig.* 9 l'effet que ce pli rentrant fait par dehors.

Taillez la doublure ; posez-la, & la glacez à l'étoffe.

Cousez tous les plis, savoir ceux qui vont de la taille jusqu'en bas ; cousez les deux devants au derriere, les goussets, le dessous des manches, le collet, les entournures aux deux bouts du collet ; ajoutez & cousez les deux pieces qui terminent la longueur des manches ; si elles se font en pagode *a a*, *Fig.* 12, ces deux pieces auront plus de longueur : les plis de la pagode doivent être disposés de maniere qu'ils soient plus étroits dessus le bras, ce qui leur donne la tournure que l'on voit dans la *Fig.* 12, qui représente le manteau-de-lit entiérement terminé.

On finit par border le tour du bas, & on attache en haut, des rubans pour le fermer.

Le Jufte.

Le Jufte eft proprement l'habit des femmes de la campagne ; auffi eft-il le plus fimple de tous.

Il faut deux aunes d'une étoffe de deux tiers de large, pour un Jufte.

Il fe taille à peu-près comme une vefte d'homme. Les *Fig.* 13, qui montrent les deux devants, & 14 les deux derrieres, le démontrent fuffifamment. Le Jufte n'a aucun pli ; fes bafques ne s'affemblent point ; on ne coud les derrieres & les côtés que jufqu'aux tailles : les bafques tant par-devant que par-derriere, finiffent en pointe plus allongée par les côtés.

On affemble, on pofe la doublure, on la glace, &c. comme à tous les autres vêtements dont on vient de faire la defcription ; on borde tout le tour du Jufte haut & bas, & toutes les bafques, d'un ruban de foie, & on attache des cordons ou des rubans de fil par-devant pour le nouer.

On coud les manches au Jufte : il s'en fait de deux fortes ; celles qui font marquées *x* font toutes fimples, & vont jufqu'au coude ; les autres marquées *y* font plus courtes, mais on y ajoute un parement pliffé *z*.

On voit *Pl.* 3, trois figures qui regardent la Couturiere : la *Fig. C*, repréfente une femme en robe & en jupon, vue par-devant ; la *Fig. D*, la même, vue par-derriere ; & la *Fig. E*, une fervante en Jufte, vue par le côté ; fes bafques font toutes égales, pour faire voir que cette façon s'exécute auffi bien que celle de terminer le Jufte comme un Manteau-de-lit, principalement dans les Villes.

DE LA MARCHANDE DE MODES

On ne placeroit pas ici parmi les Arts qui travaillent aux vêtements, la Marchande de Modes, si ces femmes ne s'étoient mises en possession d'en construire quelques-uns, qui auroient dû naturellement être du district de la Couturiere : elles ne font d'aucun corps de Métier, & ne travaillent qu'à l'ombre de leurs maris, qui, pour leur donner cette faculté, doivent être du corps des Marchands Merciers : elles appellent elles-mêmes ce qu'elles font *un talent*, & ce talent consiste principalement à monter & garnir les coëffures, les robes, les jupons, &c. c'est-à-dire, à y coudre & arranger suivant la mode journaliere les agréments que les Dames & elles imaginent perpétuellement, dont la plupart consistent en gazes, rubans, rézeaux, étoffes découpées, fourrures, &c. Mais elles construisent encore de véritables vêtements, comme le Mantelet, la Plisse, la Mantille de Cour. Ces pieces ont tant d'affinité avec l'Art de la Couturiere, qu'on n'a pas cru devoir en omettre la description à sa suite.

Le Mantelet & son Coqueluchon.

Le Mantelet est un petit manteau de femmes, qu'elles mettent par-dessus la robe, principalement quand elles vont dehors : on y ajoute toujours un coqueluchon ; ce coqueluchon se taille à part, & s'attache ensuite au mantelet ; le tout se fait de taffetas qui a deux tiers de large, ou de satin qui a une demi-aune ; on double de la même étoffe.

Planche 16. Il faut pour un mantelet ordinaire avec son coqueluchon, pour le corps du mantelet, une aune & demie, qui étant rendoublée fera trois quarts de long pour chaque côté, depuis le haut du col *b*, *Fig. II*, jusqu'au bas de chaque pan *c* ; & pour le capuchon *Fig. I*, un tiers redoublé, ce qui fait deux tiers, & en tout deux aunes un tiers d'étoffe.

On commence par couper les deux tiers pour le coqueluchon *Fig. I*, qu'on plie en deux sur la largeur de l'étoffe : on plie de même en deux le reste pour le mantelet *Fig. II* ; on taille le collet du mantelet comme on voit en *b n*, & ensuite l'échancrure des bras *m*, c'est-à-dire, ce qui doit passer en devant par-dessus les bras, qu'on nomme *les pans du Mantelet* : quant au coqueluchon *Fig. I*, qu'on aura plié de même en deux sur sa largeur, on en échancre un coin *g h* du côté du rendoublement, de quatre à cinq pouces en mourant ; le bout pointu *h* de cette fente sera le centre des plis en rond *i*, qu'on fera au surplus dudit rendoublement ; après quoi on la fermera par une couture, ce centre plissé se trouve placé au milieu du derriere de la tête.

Pour joindre le coqueluchon au mantelet, on commence par plisser le milieu du collet du mantelet *oo*, *Fig. II*, pour le réduire à la proportion du côté du coqueluchon au bout duquel on a fait l'échancrure ; enfuite on coud ce côté à la pliffure du collet *oo*; & continuant à coudre les deux derrieres, celui du mantelet & celui du coqueluchon , l'un à l'autre, on fronce à mefure celui du mantelet ; & afin que l'on puiffe ferrer plus ou moins ces deux piéces fur le col , on coud par l'envers tout autour une couliffe qui eft un ruban qui forme un conduit , dans lequel on paffe un cordon pour ferrer plus ou moins le col du mantelet.

On borde le tout d'une dentelle noire.

Il fe fait des mantelets en mouffeline ; mais c'eft l'affaire de la Lingere.

La Pliffe & fon coqueluchon.

La Pliffe eft une autre efpece de manteau , beaucoup plus ample que le mantelet ; elle fe fait auffi en taffetas ou en fatin.

Il faut pour une pliffe trois aunes & demie , diftribuées en quatre lez égaux, *m n o p Fig. III*, chacun de trois quarts de long : on commence par coudre *m n* enfemble fur leurs longueurs, ce qui joint les deux derrieres ; puis on les plie l'un fur l'autre pour lever à leurs extrémités deux pointes d'un coup de cifeau , comme à la Couturiere pour la robe ; on en fait autant des devants pofés l'un fur l'autre ; les quatre pointes levées , on les coud enfemble deux à deux : enfuite joignant par une couture les devants aux derrieres, il fe trouve néceffairement le long de la coupe des pointes un vuide en triangle qu'on remplit de chaque côté par les pointes *qq* ci-devant affemblées deux à deux , en les y coufant : ces opérations font faire au tout enfemble un arrondiffement plus étroit en haut , plus étendu en bas ; on les unit tous les deux avec les cifeaux, donnant en même temps au haut de chaque devant la courbure *rr*; on fendra vers le milieu des devants une ouverture *ss* de fix à fept pouces, pour y paffer les bras : on double la pliffe de la même étoffe, ou d'une fourrure pour l'hiver.

Le coqueluchon fe fabrique à part, fur un tiers en tout fens, taillé double comme le précédent ; & pour le joindre à la pliffe, on la pliffera en haut à un feize près des extrémités des devants, continuant jufqu'à un feize de la couture des derrieres, ce qui la rétrécira à la mefure du bas du coqueluchon que l'on doit enfuite y coudre : le refte comme au mantelet.

La Mantille de Cour ou de grand habit.

Le grand habit de Cour confifte en un corps fermé, plein de baleines, & un bas de robe : le corps fe couvre d'étoffe ; le bas de robe fe fait des mêmes étoffes , ainfi que le jupon: le Tailleur de corps conftruit le corps & le bas de robe ; la Couturiere, le jupon ; & la Marchande de modes ajoute à tout l'habillement les pompons & agréments.

Le jour qu'une Dame eft préfentée au Roi, à la Reine , &c. le corps , le bas de robe & le jupon, doivent être noirs ; mais tous les agréments font en dentelle, en rezeau, &c. tout l'avant-bras, excepté le haut vers la pointe de l'épaule, où le noir de la manche du corps paroît, eft entouré de deux manchettes de dentelle blanche, l'une au-deffus de l'autre jufqu'au coude. *Voyez Planche* 2 *Fig.* Z , *f g.* Plus , au-deffous de la manchette d'en-bas, on place un bracelet noir , formé de pompons *h* : plus , tout le tour du haut du corps fe borde d'un tour de gorge de dentelle blanche *e e*, & par-deffus une palatine (*) noire, étroite, ornée de pompons, qui defcend du col & accompagne le devant du corps jufqu'à la ceinture : le jupon & le corps s'ornent de pompons; tous les pompons font de rézeau , de dentelle , &c. d'or.

Le jour de la préfentation paffé , tout ce qui étoit noir fe change en étoffes de couleurs ou d'or. Cet habit eft ancien, & n'a pas changé jufqu'à préfent pour les cérémonies de la Cour.

Si la Dame qui doit être préfentée fe trouve hors d'état d'endurer le corps plein, alors il lui eft permis de mettre un corfet, & par-deffus une mantille, le bas de robe & le jupon ; & comme la mantille couvre l'avant-bras, on fupprime la manchette d'en haut *f*, qui ne feroit pas vifible.

C'eft de cette mantille dont on va parler, attendu qu'elle eft l'ouvrage de la Marchande de Modes. Ce vêtement eft proprement une efpece de mantelet, mais moins large , plus court par le dos, les pans un peu plus longs, & auquel on ne met jamais de coqueluchon : il s'en fait de toutes fortes d'étoffes légères, comme gazes, rézeaux, dentelles, &c. il faut de ces étoffes une aune & demie. La coupe en eft repréfentée en lignes ponctuées dans celle du mantelet, *Pl.* 16, *Fig. II* ; *a*, le dos ; *d*, le collet ; *e*, quelques plis vers l'épaule ; *f*, l'échancrure ; *g*, le bas: on attache au bas du dos dans le milieu en *h*, un ruban qui fe noue par-devant.

La quatrieme *Fig.* de la *Planche* 16 n'eft faite que pour indiquer comment les bonnets piqués s'arrêtent fermement fur la tête *A*, pour conftruire deffus l'édifice journalier de la coëffure, ce qui fe fait par deux rubans quelconques, attachés avec une épingle à chaque oreille du bonnet; on les fait croifer fous le menton de la tête en *a*, & on les noue derriere fon col : la coëffure qui eft repréfentée fe nomme *en papillon*.

Comme la mantille n'eft actuellement en ufage que dans les cérémonies de la Cour, les Dames ont préféré quelques Marchandes de Modes adroites & intelligentes, parmi lefquelles Mademoifelle Alexandre, rue de la Monnoie, une des plus employées dans fon talent, a bien voulu m'en expliquer toutes les circonftances que je viens de décrire.

(*) Elle n'eft pas dans la figure ; elle a été ajoutée depuis ce temps.

EXPLICATION

EXPLICATION DES FIGURES.

ON ne parlera point des deux premieres Planches, parce que le premier Chapitre en contient l'explication telle qu'on pourroit la mettre ici; & comme ce feroit une répétition fuperflue, on commencera cette explication par la rangée du bas de la troifieme Planche, attendu qu'elle n'eft pas comprife dans ledit Chapitre.

PLANCHE III.

A, Une femme en corps, vue par-devant.

B, Une femme en corps, vue par-derriere.

E, Une femme en jufte.

C, Une femme en robe, vue par-devant.

D, Une femme en robe vue par-derriere.

PLANCHE IV.

A, Un homme fur lequel la mefure du juftaucorps eft tracée en lignes ponctuées; cette Figure & les deux fuivantes font relatives au Chapitre VII de l'Art du Tailleur pour homme.

B, La mefure de la vefte.

C, La mefure de la culotte.

D, Un homme en redingotte.

E, Un homme en habit complet.

F, Un homme en culotte à pont, ou à la bavaroife, relatif à l'article du Culottier.

G, Un homme en robe de Palais.

H, Un Abbé en manteau court.

I, Un Eccléfiaftique en foutane.

PLANCHE V.

A, Profil d'un devant de juftaucorps.

C, Manche.

D, Parement.

E, Patte.

B, Profil d'un derriere de juftaucorps.

CC, Le cran.

a, Profil d'un devant de vefte.

b, Profil d'un derriere de vefte.

c, Manche de vefte.

TAILLEUR,

P

d, Profil du dehors d'une culotte.

1 , Le point devant.

2 , Le point de côté.

3 , L'arriere-point.

4 , Le point lacé.

5 , Le point à rabattre fur la main.

6 , Le point à rabattre fous la main.

7 , Le point à rentraire.

8 , Le point croifé.

r, Le point coulé.

t, Le point de boutonniere.

ʃ, Le point de bride.

PLANCHE VI.

La Vignette repréfente un Tailleur d'habits qui prend la mefure, un autre qui coupe un habit fur le bureau , quatre garçons qui coufent fur l'établi ; & un Bourfier-Culottier qui frappe avec fon maillet fur les coutures d'une culotte de peau pofée fur fa buiffe.

A , Le carreau.

B , La craquette.

C, Le billot.

EE , Le patira.

e , Le marquoir.

g , Le couteau à baleine.

h , Le poinçon.

f, Le pouffoir.

PLANCHE VII.

Fig. I. Juftaucorps , vefte & culotte tracés fur le drap.

Fig. II. & 2ᵉᵐᵉ II. Habit, vefte & culotte fur le velours.

Fig. III. Juftaucorps feul fur le drap.

Fig. IV. Vefte feule , *idem*.

Fig. V. Culotte feule , *idem*.

Fig. VI. La mefure de l'habit complet.

PLANCHE VIII.

Fig. I. Traces de la roquelaure fur le drap.

Fig. II. Traces de la redingotte , *idem*.

Fig. III. Traces de la foutane , *idem*.

PLANCHE IX.

Fig. I. Traces de la robbe de Palais fur étoffe étroite.

Fig. II. Traces de la robe de chambre à manches rapportées, *idem*

Fig. III. Traces de la robe de chambre en chemife, *idem.*

PLANCHE X.

Fig. I. Traces du manteau laïque fur le drap.

Fig. II. Traces du manteau court d'Abbé fur étoffe étroite.

PLANCHE XI.

Traces du manteau long Eccléfiaftique fur étoffe étroite.

PLANCHE XII.

Inftrumens du Culottier : *A*, buiffe : *B*, liffoir.

C, Culotte de peau.

N°. 1. La mefure prife par le Tailleur de corps, marquée par des lignes doubles fur un corps vu de profil.

N°. 2. Profil d'un corps plein de baleines.

N°. 3. Profil d'un corps à demi-baleine, ou corfet baleiné.

N°. 4. Corps vu de face en-dedans pour montrer la difpofition des baleines de dreffage.

N°. 5. Profil d'un corps, vu en-dedans, pour voir la difpofition des garnitures.

PLANCHE XIII.

La Vignette repréfente un Tailleur de corps qui prend la mefure, un autre qui taille un corps de robe ; une Couturiere qui déploye une étoffe, des filles qui affemblent & coufent diverfes pieces.

N°. VI. Profil d'un corps ouvert par les côtés, pour les femmes enceintes.

N°. VII. Profil d'un corps pour les Dames qui montent à cheval.

N°. VIII. Profil d'un corps de Cour, ou de grand habit.

N°. IX. Profil d'un corps de fille.

N°. X. Profil d'un corps de garçon.

N°. XI. Profil d'un corps de garçon, à fa premiere culotte.

PLANCHE XIV.

N°. 12. Corps vu de face, ouvert par-devant, lacé d'un lacet à la Ducheffe.

N°. 13. Corfet fans baleine, à deux bufcs par-devant.

N°. 14. Camifolle de nuit, fans bufc.

N°. 15. Jaquette ou fourreau pour les garçons.

N°. 16. Fauffe-robe pour les filles.

N°. 17. Bas de robe de Cour ou de grand habit.

PLANCHE XV.

Fig. 1. Derriere de robe de femme coupé.

Fig. 2. Devant de robe de femme coupé.

Fig. 3. Derriere plissé.

Fig. 4. Devant plissé.

Fig. 5. Manchettes d'étoffe à deux rangs.

Fig. 6. Manches.

     Compere.

Fig. 7. Manteau de lit coupé.

Fig. 8. Manteau de lit, vu par-dehors.

Fig. 9. Manteau de lit, vu par-dedans.

Fig. 10. Manche d'un derriere de manteau de lit avec sa remonture.

Fig. 11. Un devant de manteau de lit avec ses plis.

Fig. 12. Manteau de lit monté avec les manches en pagode.

     Mesure.

Fig. 13. Devant d'un juste.

Fig. 14. Derriere d'un juste.

PLANCHE XVI.

La Vignette représente la boutique de la Marchande de Modes, la maîtresse à son comptoir ; plusieurs filles travaillent à divers ouvrages de modes.

Fig. I. Coqueluchon du mantelet coupé.

Fig. II. Mantelet coupé. Dans cette même figure est la coupe de la mantille de Cour en lignes ponctuées.

Fig. III. Pellisse coupée.

Fig. IV. Coëffure en papillon sur une tête de carton.

TABLE

DES CHAPITRES ET ARTICLES
DE L'ART DU TAILLEUR.

Fin de la Table des Chapitres.

Pl. 1.

De Garsault, inv.

Pl. 3.

CC DD EE FF

D C E A B

De Garsault, inv.

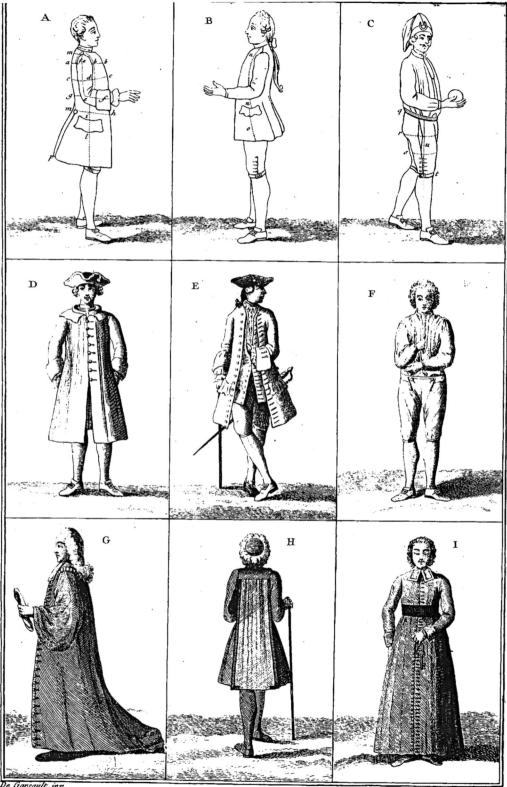

De Garsault, inv.

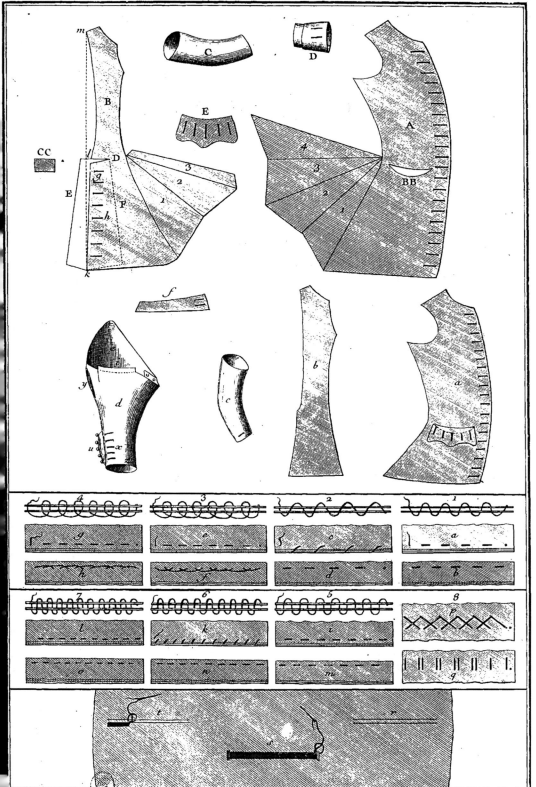

Pl. 5.

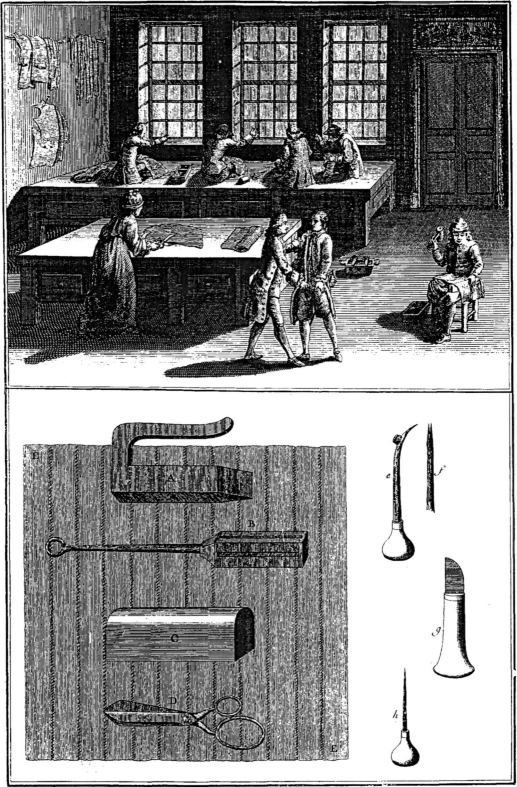

Pl. 6.

De Garsault, inv.

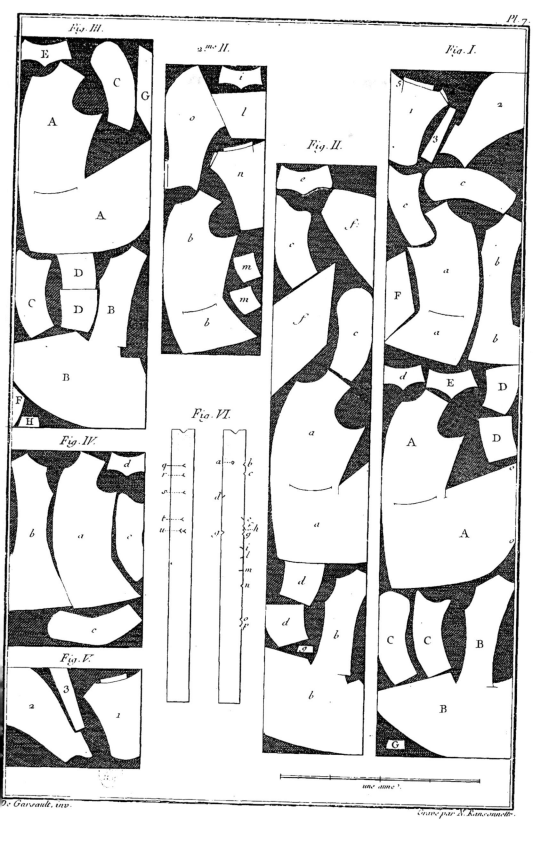

Pl. 7.

Pl. 8

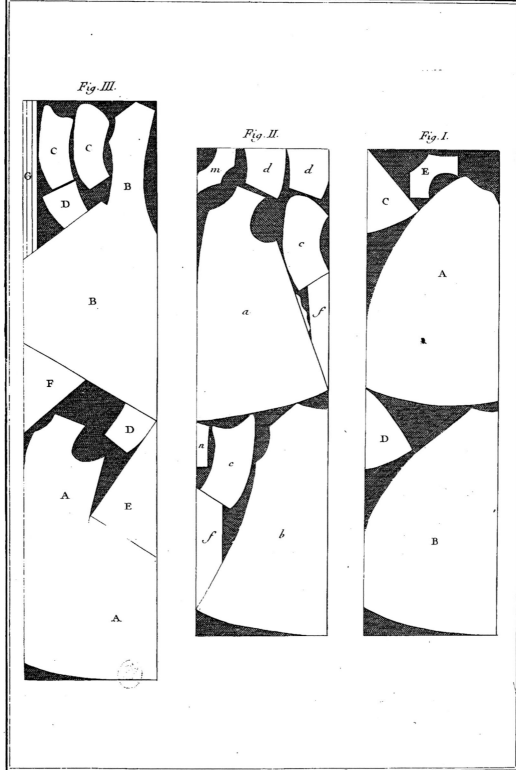

Fig. III.

Fig. II.

Fig. I.

De Garsault, inv.

Gravé par N. Ransonnette.

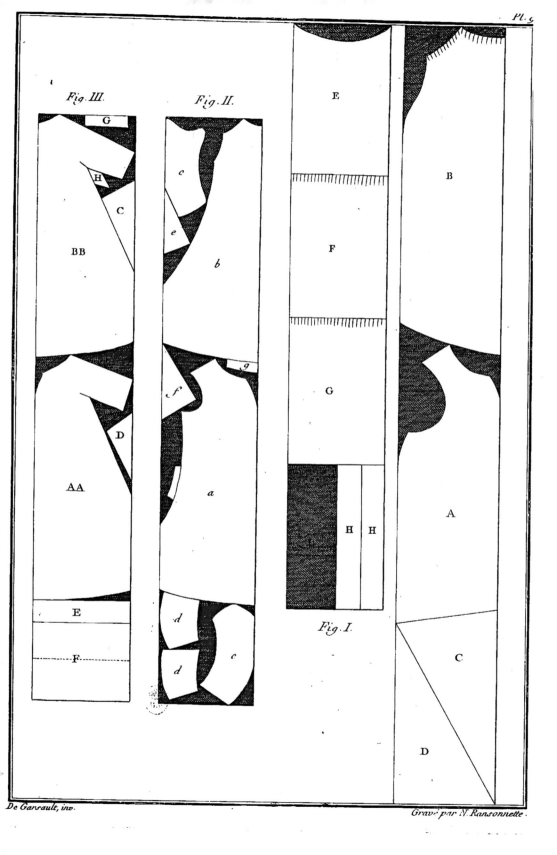

Pl. 9.

Fig. III.

Fig. II.

G

H

C

BB

D

AA

E

F

c

e

b

g

f

a

d

c

d

E

F

G

H H

Fig. I.

B

A

C

D

De Garsault, inv.   Gravé par N. Ransonnette.

Fig. II.

Fig. I.

Pl. II.

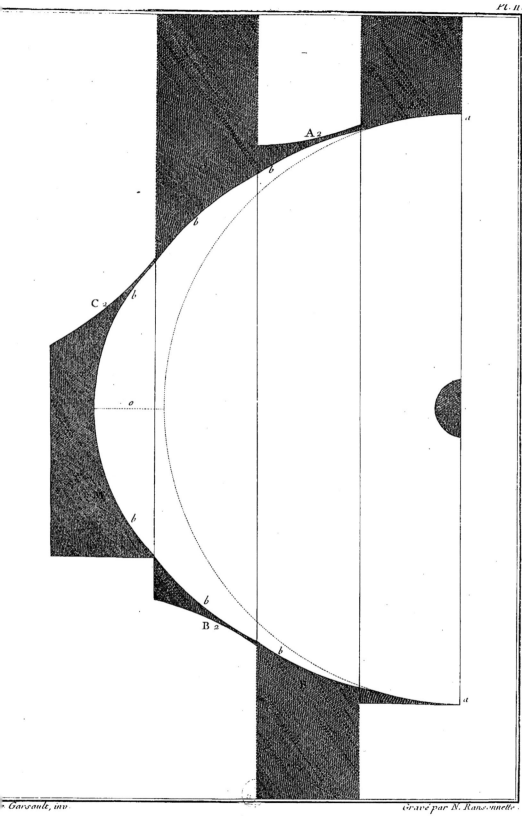

Garsault, inv.

Gravé par N. Ransonnette.

Pl. 12.

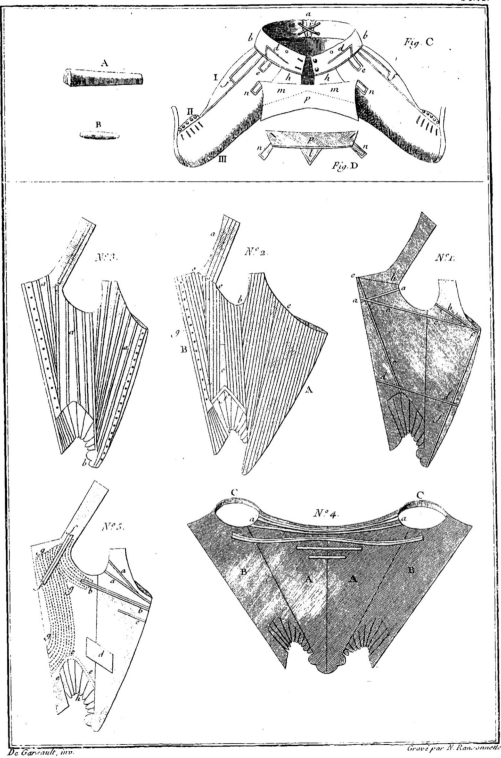

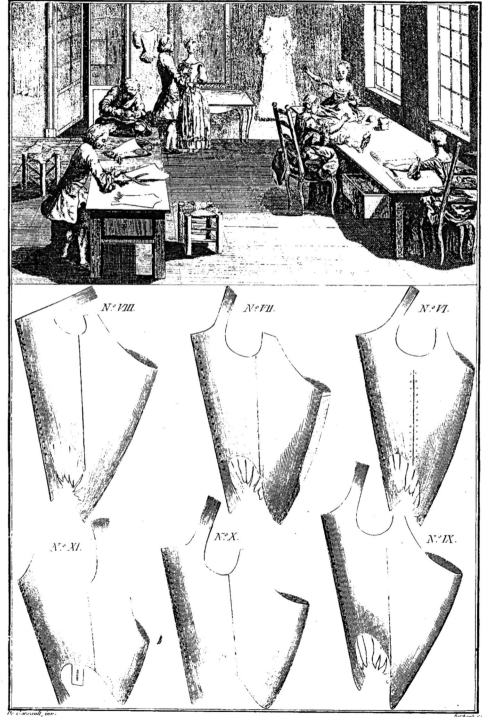

Pl. 13.

Pl. 14.

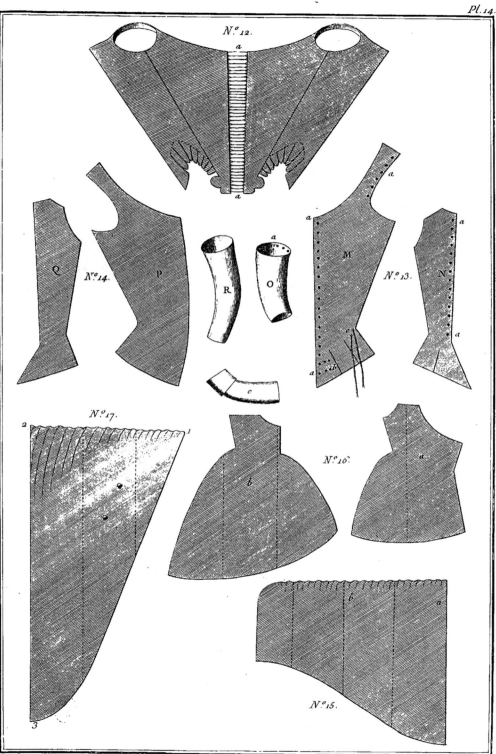

Pl.15.

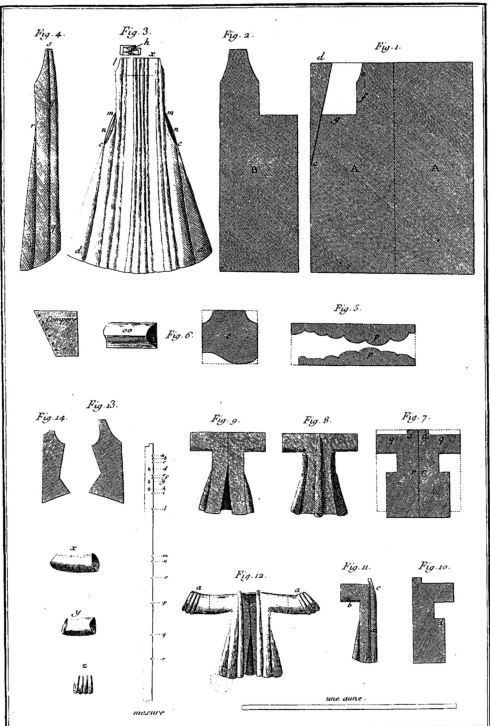

Fig. 4. Fig. 3. Fig. 2. Fig. 1. Fig. 5. Fig. 6. Fig. 7. Fig. 8. Fig. 9. Fig. 10. Fig. 11. Fig. 12. Fig. 13. Fig. 14.

Comper

une aune.

mesure

De Garsault, inv. Gravé par N. Ransonnette.

Pl. 16

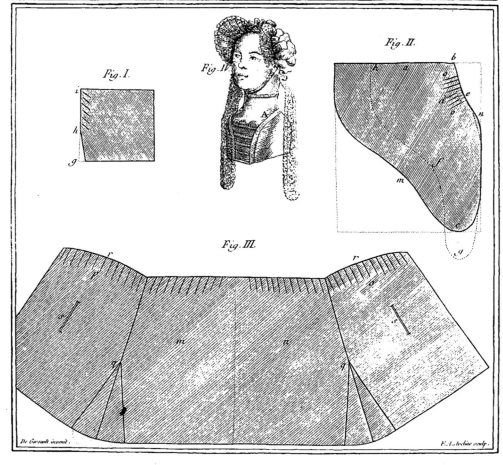

Fig. I.

Fig. IV.

Fig. II.

Fig. III.

De Garsault invenit.

E. A. seeline sculp.

CPSIA information can be obtained at www.ICGtesting.com
Printed in the USA
BVOW05s1807030314

346523BV00002B/24/P